엎친 데 덮친 격으로 나유식은 자신이 은행털이 범인인 이금도의 모습으로 바뀌어 버린 걸 알고 경악한다. 절망에 빠진 유식은 초능력을 써 문어로 변신해 감옥을 빠져나간다. 가짜 나유식의 정체를 밝히고 자신의 몸을 되찾기 위해 최선을 다하는데……

과연 나유식은 원래의 모습을 되찾을 수 있을까?

• 과학 교과서 관련 •

4학년 2학기
2. 거울과 그림자

5학년 2학기
4. 우리의 몸

와이즈만 과학동화

빨간 내복의 초능력자
❺ DNA의 비밀을 풀다!

1판 1쇄 발행 2014년 4월 29일
1판 14쇄 발행 2024년 11월 18일

서지원 글 | 이진아 그림 | 와이즈만 영재교육연구소 감수

발행처 와이즈만BOOKs
발행인 염만숙
출판사업본부장 김현정
편집 이혜림 양다운 이지웅
디자인 윤현이
마케팅 강윤현 백미영 장하라

출판등록 1998년 7월 23일 제1998-000170
제조국 대한민국
사용 연령 8세 이상
주소 서울특별시 서초구 남부순환로 2219 나노빌딩 5층
전화 마케팅 02-2033-8987 편집 02-2033-8928
팩스 02-3474-1411
전자우편 books@askwhy.co.kr
홈페이지 mindalive.co.kr

저작권자 ⓒ 2014 서지원 이진아
이 책의 저작권은 서지원 이진아에게 있습니다.
저자와 출판사의 허락 없이 내용의 일부를 인용하거나 발췌하는 것을 금합니다.

잘못된 책은 구입처에서 교환해 드립니다.

*와이즈만 BOOKs는 (주)창의와탐구의 출판 브랜드입니다.

빨간 내복의 초능력자

⑤ DNA의 비밀을 풀다!

서지원 글 | 이진아 그림 | 와이즈만 영재교육연구소 감수

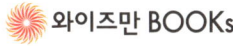

와이즈만 BOOKs

 차례

작가의 말 _6

열아홉 번째 사건
괴력의 마라토너, 하늘을 날다 _9

초능력자의 과학일기 **마라톤은 과학이다** _28

스무 번째 사건
과학 수사대, DNA를 검사하다! _31

초능력자의 과학일기 **DNA 속에 숨은 생명의 비밀** _70

스물한 번째 사건 **디지털 카메라로 변한 눈동자** _73

초능력자의 과학일기 혈액형과 유전 법칙의 비밀 밝히기 _118

스물두 번째 사건 **작전명 '진실의 힘'** _121

작가의 말

창의 융합형 과학 인재로 성장하세요!

여러분은 혹시 과학 시간에 선생님에게 이런 질문을 던지고 싶지 않은가요?

"전기가 어떤 물질을 통과하는 건 왜 배우는 건가요? 저는 이런 지식이 왜 필요한지 모르겠어요."

이 질문은 이 책의 주인공인 나유식이 던진 질문입니다. 선생님을 엄청나게 화나게 한 질문이지만, 나유식의 질문이야말로 우리 교육에 꼭 필요한 부분을 지적하고 있어요. 과학은 그저 딱딱하고 비현실적이며 지식을 외우는 과목이 아니거든요.

이 책에서 나유식은 계속 호기심을 던져요. 그러면서 그 속에 숨어 있는 기초 과학의 원리에 대해 하나씩 깨달아 가요. 이것이 바로 나유식이 '공학'에서 '기초 과학'의 원리를 깨우치는 과정입니다. 그리고 이것이 '창의적인 과학 교육'이라고 할 수 있어요. 창의적인 과학 교육은 기초 과학이라는 틀을 벗어나 기술과 공학, 제품 등을 융합해서 새로운 것을 창조해 내는 것이에요. 이것을 '융합'이라고 하지요.

지금 전 세계는 '융합'으로 발전하고 있어요. 스마트폰이나 태블릿 PC 같은 것이 대표적인 융합 제품이에요. 융합 기술은 우리의 삶과 사회 구조를 완전히 바꾸고 있답니다.

여러분의 과학 교육도 '융합'으로 바뀌고 있어요. 초등학교도 융합 인재 교육을 본격적으로 시작했어요. STEAM 융합 인재 교육이란, 학생들이 재미없다고 느끼는 수학(Mathematics)과 과학(Science)을 기술(Technology)과 공학(Engineering), 나아가 예술(Arts)과 연결하고 융합해요. 그래서 융합적 사고력을 키우고, 창의적인 문제 해결력을 갖추게 하지요. 예전의 과학은 나무는 볼 수 있어도 숲은 볼 수 없었지만, 융합형 과학은 기초 과학과 기술, 공학, 예술 등을 연결해서 커다란 숲을 볼 수 있는 능력을 키워 줍니다.

여러분이 융합형 과학 인재가 되려면 나유식처럼 주변에 있는 것들에 대해 호기심을 가지세요. 과학은 멀리 있는 공부가 아니에요. 우리 주변의 물건들에 대해 '왜?'라는 질문을 던져 보세요. 여러분이 통찰력과 상상력으로 가득 찬 융합형 과학 인재가 되기를 바랍니다.

서지원

열아홉 번째 사건

괴력의 마라토너, 하늘을 날다

"**국민 여러분,** 대한민국 대통령 원지서입니다. 최근 발생한 은행 절도 사건 때문에 걱정이 많고 불안해하실 줄 압니다. 경찰은 지난 달 빨간 내복을 입은 용감한 시민의 도움으로 용의자 이금도를 검거했습니다. 그러나 안타깝게도 용의자는 감옥을 탈출하고 말았습니다. 지금 용의자 이금도는 전국을 돌며 다시 은행 절도 행각을 벌이고 있습니다."

"엄마, 대통령이다!"

한 아이가 전광판을 가리켰다. 버스 정류장과 건널목에 서 있던 사람들이 너도나도 일제히 빌딩 위의 전광판을 바라봤다. 긴급 뉴스 속보가 나오고 있었다.

"저 대통령은 원지서라는 이름을 걸고 국민들 앞에서 이금도를 반드시 잡을 것을 약속드립니다. 전국 경찰에 24시간 비상 경계령을 선포하겠습니다. 지금 이 시간부터 현상금 10억 원을 걸고, 용의자 이금도를 체포하는 데 총력을 기울이겠습니다."

현상금 1,000,000,000원이라는 숫자가 화면 밑에 나타났다. 0이 대체 몇 개인지 알 수 없을 정도로 큰돈이었다.

대통령은 지금 내 얘기를 하고 있었다.

내 꿈은 대통령을 만나는 것인데, 대통령이 나를 잡겠다고 하다니!

이걸 영광이라고 해야 할까, 불행이라고 해야 할까? 기쁜

일일까, 슬픈 일일까?

나는 헷갈리기 시작했다. 내가 얽힌 이 사건은 역시 보통 사건은 아닌 것이다!

나는 초능력자다. 헉헉!

내 이름은 나유식, 별명은 너무식. 헉헉.

그런데 왜 숨을 헐떡이냐고? 지금 나는 도망치는 중이기 때문이다.

대통령이 잡겠다고 한 은행 도둑이 바로 나다. 사실 나는 은행털이범 이금도가 아니다. 지금 모습은 아저씨지만, 나는 초등학생이다. 어쩌다 내가 이런 못생기고 나쁜 아저씨로 변했는지 어처구니가 없다.

이금도가 은행을 털 때마다 CCTV에 고스란히 찍혔다. 나는 어이가 없고 황당했다. 나는 집에 있는데, 또 다른 내가 은행을 털며 돌아다니는 것이다.

내가 사라졌으니까, 우리 부모님이 나를 찾으러 다니지 않으시냐고?

그랬으면 좋겠지만, 우리 집에는 나와 똑같은 모습을 한 가짜 나유식이 부모님의 사랑을 받으며 행복하게 지내고 있다. 나인 척하면서 내 자리를 빼앗은 가짜 나유식의 정체는 누구냐고?

헷갈리는 친구들을 위해 간단하게 공식으로 만들어 보겠다. 헷갈리는 수학 문제도 공식으로 풀면 쉬우니까.

$$진짜\ 나유식 : 나 = 가짜\ 나유식 : ?$$

답은 이금도다! 이금도가 초능력을 이용해 나를 이금도로 바꾸고, 자신은 나유식이 된 것이다!

나는 무슨 수를 써서라도 가짜 나유식(이금도)의 정체를 밝혀 경찰에 넘겨야만 한다. 시간이 없다! 나는 경찰에 쫓기고, 10억 원의 현상금을 노리는 사람들에게 쫓기고 있으니까.

나는 초능력자다. 우리 집 마당에서 우연히 주운 코딱지만 한 별똥별 때문에 나는 초능력자가 됐다. 하지만 내 마음대로 초능력이 안 나온다는 게 좀 문제이긴 하다.

초능력으로 다른 사람의 마음을 읽으려고 하면 손에서 전기가 나오고, 투명 인간으로 변하려고 옷을 벗으면 눈이 리모컨으로 변해 텔레비전 채널이 돌아간다. 이런 내 꼴은 웃기지 못하는 개그맨 같다. 개그맨이 웃기지 못하면 불쌍하다 못해 비참해 보인다.

"서라! 이금도! 거기 멈춰라! 지금 당장!"

삐익- 삑-.

내 소개를 할 시간이 없다. 나는 지금 몹시 바쁘다. 왜냐하면 내 뒤를 쫓고 있는 저분들 때문이다.

경찰들이 호루라기를 불고 소리친다. 나는 평소에 어른들 말을 잘 듣지만, 지금은 미안하게도 어른들이 서라고 해도 설 수가 없다. 지금 잡히면 억울한 누명을 쓰고 다시 감옥에 갇힌 채 죽기 전까지 세상 구경을 못할지도 모른다.

'그런데 저분들은 누구일까? 저 앞에 속옷 같은 옷만 걸치고 큰길 한가운데로 달리는 사람들이 있네?'

나도 그쪽으로 도망쳤다. 길가에서 사람들이 내게 손을 흔들며 손뼉을 쳐 주고 응원을 해 줬다. 나도 손가락으로 V자를 만들며 웃어 줬다.

'나를 왜 이렇게 환영할까?'

나는 영문을 몰라 어리둥절했다.

삐뽀— 삐뽀— 삐뽀— 삐뽀—.

어이쿠, 이제는 경찰들이 차를 타고 쫓아왔다.

'어떡하지? 어디로 도망가지? 그런데 어?'

내 뒤로 방송국 중계차가 따라왔다. 그제야 알았다.

속옷 차림으로 달리는 사람들은 마라톤 대회에 나온 사람들이었다. 나도 마라톤 선수처럼 보이려고 옷을 벗고 속옷만 입고 달렸다.

나는 중계차를 힐끔 쳐다봤다. 중계차 위에서 카메라가 대회를 촬영했다. 아나운서와 해설자(예전에 올림픽 금메달을 딴 선수인 것 같다)가 방송을 하는 모습이 보였다.

이대로라면 나는 지쳐 쓰러질 것 같았다. 결국 잡히고 말겠지. 다행히 내가 마라톤 선수로 보였는지 아무도 나를 알아보지 못했다.

삐뽀— 삐뽀— 삐뽀—.

마라톤 선수들이 길을 막고 있어서 경찰차가 천천히 쫓아왔다. 숨이 차고, 다리가 아팠다. 땀이 비 오듯 쏟아졌다. 심장이 터질 것 같았다.

'아, 이럴 때에는 어떤 초능력을 써야 하지?'

나는 콧구멍을 후비며 콧구멍 속에 든 별똥별을 만졌다. 하지만 힘들고 당황해서 그런지 아무 초능력도 나오지 않았다.

마라톤 중계차에서 아나운서와 해설자가 하는 말이 들렸다.

"마달려 코치님, 마라톤은 몇 시간 동안 쉬지 않고 무턱대고 달리는 운동 아닙니까? 그래서 얼핏 보면 가장 단순하고 원시적인 스포츠로 보이는데요. 어떻게 생각하십니까?"

"그건 사람들이 모르고서 하는 말입지요. 마라톤은 스포츠 과학의 대명사라고 할 만큼 과학적이지요. 과학이 곧 마라톤의 성공을 결정한다고 해도 과언이 아닙니다."

과학이라는 말이 나오자 나는 귀가 솔깃해졌다. 나는 과학을 과자나 게임보다 더 좋아하기 때문이다.

"마라톤에서 어떤 과학이 가장 중요한가요?"

아나운서의 질문에 해설자는 대답했다.

"인체의 과학이지요. 마라톤 선수에게 가장 중요한 것은 2시간 이상을 쉬지 않고 달리도록 해 주는 심폐 기능입지요. 사람은 달릴 때 산소를 몸에 빠르게 공급해야 해요. 인체에는 심장을 중심으로 하는 순환 계통과 폐를 중심으로 하는 호흡 계통이 있는데, 순환 계통과 호흡 계통을 통틀어 심폐 기능이라고 합지요. 심장의 심과 폐의 폐를 합해서 심폐라고 하는 것이지요. 마라톤 선수들에게는 심폐 기능이 매우 중요한 것입지요."

"역시 금메달리스트답게 아는 것이 많으십니다. 보통 사람들과 마라톤 선수의 심폐 기능은 어느 정도 차이가 나나요?"

"보통 20~30대 남자가 1분간 들이마시는 최대 산소 섭취량이 체중 1kg당 평균 45mL입니다요. 그러나 국가 대표급 선수들의 최대 산소 섭취량은 78~84.5mL입니다요."

"와, 보통 사람들과 선수들의 산소 섭취량이 거의 2배 차이가 나네요. 그만큼 짧은 시간에 많은 산소를 들이마셔서 온몸에 보내 준다는 뜻이겠군요."

"그렇습니다요. 심폐 기능이 약하면 숨이 차서 잘 뛰지 못하니까요. 그래서 마라톤 선수들은 산소가 희박한 해발 2,000m의 높은 지대에 올라가 지옥 훈련을 하곤 합니다요."

해설자의 말에 아나운서가 감탄을 했다.

'심폐 기능이라고? 산소를 많이 섭취하면 숨이 가빠지지 않는다고?'

해설자가 말해 준 인체의 과학을 떠올리는 순간, 콧구멍 속의 별똥별이 후끈 달아오르더니 찌릿찌릿 등줄기로 전기가 흐르는 듯했다. 머릿속에 번쩍하고 선명한 빛이 터졌다가 사라졌다.

그 순간 나의 폐가 불쑥불쑥 커지기 시작했다. 방금 전까지만 해도 심장이 터질 것 같았는데, 이제는 숨이 차지 않았다. 나의 심장은 강력한 엔진처럼 힘차게 뛰었다.

나의 초능력이 나를 강인한 마라톤 선수로 변신시킨 것이다. 나는 더욱 빨리 달렸다.

해설자의 목소리가 또 들려왔다.

"마라토너에게 또 한 가지 중요한 능력이라면 지구력을 들 수 있겠습니다요. 지구력이란 오랫동안 버티고 견뎌 내는 운동 능력입니다요. 지구력이 뛰어나려면 온몸의 근육이 잘 발달되어야 하지요. 산소를 인체에 흡입하는 폐와 폐에 들어온 산소를 인체에 공급하는 심장, 이 두 부분을 엔진이라고 한다면, 근육은 타이어와 같습니다요."

그 순간 나의 근육들이 불끈거리기 시작했다. 허벅지의 뼈는 더욱 단단해지고, 다리의 근육은 달리는 말처럼 강해졌다.

"최고의 마라톤 선수는 심장, 폐, 근육 이 세 가지가 결정하는 것입니다요. 심폐 능력과 지구력을 합해 심폐 지구력이라고 하는데, 심폐 지

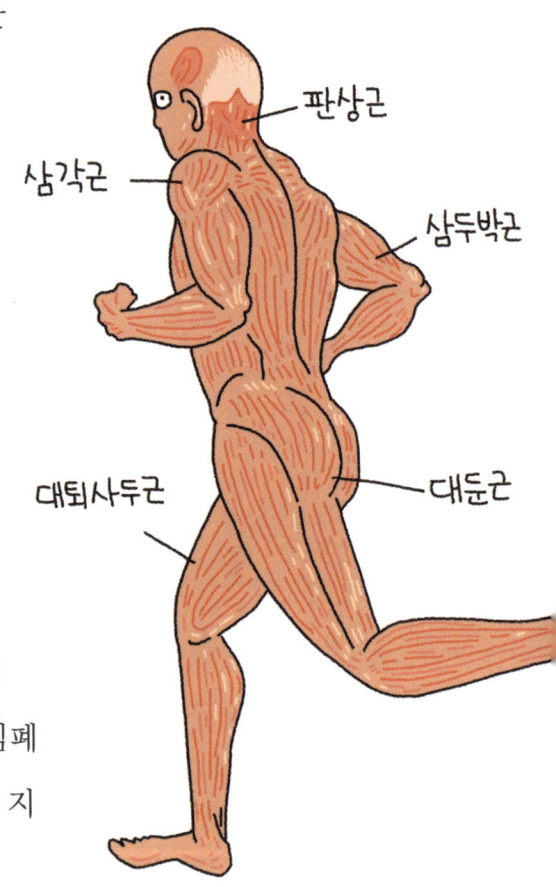

구력이야말로 마라톤 선수, 장거리 수영 선수, 장거리 스케이트 선수 등에게 반드시 필요한 능력이지요."

해설자의 말을 듣는 순간, 나는 지칠 줄 모르고 달릴 수 있게 됐다. 내가 달리는 속도를 보고, 거리에서 응원하던 사람들이 놀라서 웅성거렸다.

"오! 저럴 수가!"

"대체 뭘 먹은 거야?"

중계차에서 아나운서와 해설자의 감탄이 터졌다.

휙휙. 휙휙.

한 명, 두 명, 열 명, 스무 명…….

꼴찌로 달리던 내가 다른 선수들을 차례로 제치고 바람처럼 앞으로 죽죽 나아갔다.

"저 선수는 누구인가요? 놀라운 기록입니다. 100m당 16초에 뛰고 있습니다. 이대로라면 대회 1등은 물론이고, 한국 신기록 아니, 세계 신기록도 세우겠습니다! 42.195km를 돌파하는 데 2시간의 벽을 깰 것 같습니다!"

그런데 그때!

"서라! 이금도! 멈춰라! 은행털이범 이금도를 체포해라!"

경찰차가 도로로 들어오지 못하자, 이제는 경찰들이 오토

바이를 타고 쫓아왔다.

"이금도라고요? 현상금 10억이 걸린 은행털이범?"

"대통령이 잡으라고 검거령을 내린 이금도?"

중계차의 아나운서와 해설자가 놀라서 소리치는 목소리가 마이크를 통해 생생하게 들려왔다.

"이금도! 거기 서세요! 마라톤 대회에 참가하다니! 뻔뻔하군요! 어디 있나요? 이금도!"

이제는 중계차마저 나를 쫓아왔다.

나는 더욱 빨리 달려 1등이 되었다. 구경하는 시민들의 환호 소리가 천둥처럼 터졌다. 그런데 중계차에 달린 스피커가 우렁찬 소리로 외쳤다.

"시민 여러분, 그리고 마라톤 선수 여러분! 지금 1등으로 달리고 있는 선수는 대통령이 잡으라고 하는 은행털이범 이금도입니다! 어서 잡아 경찰에 넘겨 주시고, 현상금 10억 원도 타시기 바랍니다! 다시 말씀드립니다! 지금 10억 원이 1등으로 달리고 있습니다!"

금방 지쳐 쓰러질 것 같은 마라톤 선수들이 나를 향해 쫓아오기 시작했다.

나는 더 열심히 달렸다. 수십, 수백 명의 마라톤 선수들과 길거리에 응원을 나왔던 수천, 수만 명의 시민들, 오토바이를 탄 경찰들과 중계차의 방송국 직원들까지 모두 나를 잡으려고 쫓아왔다. 도로 전체는 나를 잡으려는 사람들로 물결을 이루었다.

"골인! 골인했습니다!"

펑, 펑, 펑퍼펑.

내가 운동장을 한 바퀴 돌아 1등으로 골인하자 자동으로 화려한 폭죽이 터졌다. 전광판에 내가 세계 신기록을 세웠다는 기록이 나타났다. 하지만 아무도 눈여겨보는 사람이 없었다.

2등, 3등으로 골인한 선수들도 멈추지 않고 계속 나를 쫓아왔다. 오로지 나를 잡으려고 수십, 수백 명이 꼬리에 꼬리를 물고 달려올 뿐이었다.

"안 돼! 이대로는 안 되겠어! 다른 초능력, 뭔가 다른 초능력이 없을까?"

길가의 텔레비전에서 곤충에 대한 다큐멘터리 예고편이 나왔다.

"곤충들은 인간에 비해 엄청난 능력을 지녔습니다. 인간이 싫어하는 바퀴벌레는 사실 달리기 선수입니다. 1초에 자신의 몸길이의 50배를 달릴 수 있지요. 만약 사람이 바퀴벌레 속도로 달린다면 1초에 80m를 달릴 수 있습니다. 멀리뛰기 선수는 메뚜기입니다. 메뚜기는 자기 몸길이의 20배를 뛸 수 있습니다. 사람이라면 버스 9대를 넘어야 하는 거리입니다. 높이뛰기 선수라면 벼룩입니다. 벼룩은 자신의 키의 130배인 30cm를 뛰어오릅니다. 사람이 벼룩만큼 뛴다면 250m를 뛸 것입니다. 63빌딩을 훌쩍 넘는 높이입니다……."

텔레비전에서 해설자의 구수한 목소리가 내 귀에 쏙쏙 박혔다. 그러자 머리가 후끈 달아오르더니 온몸의 근육들에서 불

끈불끈 힘이 솟기 시작했다.

"바퀴벌레!"

나는 달리기 선수인 바퀴벌레의 능력으로 다리를 부리나케 움직였다. 그러자 바람처럼 사람들 사이를 휘저으며 1초에 80m를 달렸다.

내 앞을 경찰차 10여 대가 가로막았다.

"메뚜기!"

나는 멀리뛰기 선수인 메뚜기처럼 뛰어올랐다. 그러자 경찰차 10여 대를 가볍게 뛰어넘었다. 하지만 이 정도로는 부족했다. 곧 고층 건물들이 내 앞에 나타났다.

"벼룩!"

나는 30층이 넘는 건물을 훌쩍 뛰어넘었다. 사람들이 넋이 나간 채 밑에서 나를 올려다봤다.

틱, 톡, 탁, 퉁, 통.

나는 빌딩 숲 사이를 벼룩처럼 뛰어넘었다. 경찰들이 입을 멍하니 벌리고 신기해하며 넋을 잃고 바라봤다. 날아가던 새들도 '이렇게 생긴 새도 다 있나?' 하는 눈으로 쳐다봤다.

누구도 나를 따라올 사람은 없었다.

나는 그렇게 빌딩 숲 사이를 지나 건물들 속으로 도망쳤다.

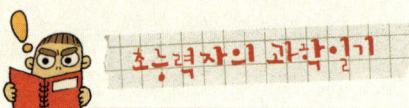

마라톤은 과학이다!

심장을 강하게 만드는 법

마라톤은 참 단순해 보이는 스포츠인 것 같다. 몇 시간 동안 쉬지 않고 뛰기만 하면 되니까. 하지만 마라톤은 알고 보면 과학적인 스포츠다.

안타깝게도 우리나라에서는 마라톤 대회에 나간 선수들이 해마다 서너 명씩 사망하고 있다고 한다. 사망 원인은 심장마비란다. 심장에 너무 큰 무리를 줘서 심장마비가 온 거다.

그렇다면 심장을 강하게 만들어 주면 심장마비가 오지 않겠지? 심장을 강하게 만들어 주는 운동도 달리기다. 일주일에 3~4번 30분씩만 달려 줘도 심장 근육은 강해지고 산소 공급 능력이 좋아져서 폐

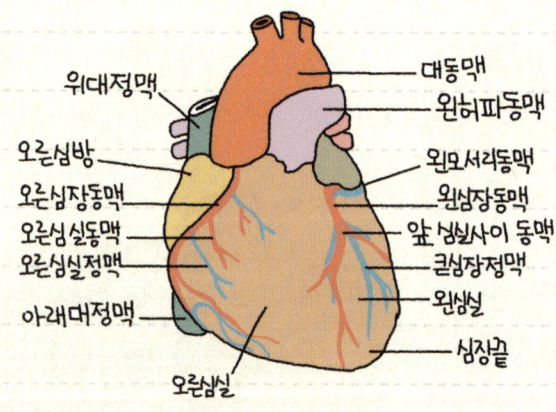

도 튼튼해진다. 달리기는 심장에 무리를 줘서 심장마비를 일으키기도 하지만, 심장을 튼튼하게 해 주는 운동이기도 하다. 그러니까 너무 무리하지 않을 정도로 달리는 게 좋다.

데자뷔가 일어난다!

데자뷔는 마치 예전에 겪었던 일처럼 느껴지는 것인데, 이번에 처음 겪어 봤다. 특히 42.195km 이상을 달리는 울트라 마라톤을 하다 보면 이런 데자뷔 현상과 같은 기묘한 경험을 하게 된다. 몸에서 수분이 7~8% 정도 빠져나가 육체 피로가 매우 심해지면 환각이 보이기도 하고, 데자뷔 현상을 겪기도 하는 것이다.

울트라 마라톤은 인간의 한계에 도전하는 스포츠다. 사람이 200km를 달리면 근육의 80%가 손상된다고 한다. 이건 대형 교통사고를 당한 정도의 충격이다. 보통 사람이라면 생명이 위험하겠지만, 울트라 마라톤 선수들은 오랜 기간 훈련을 해서 회복이 굉장히 빠르다. 달린 지 하루만 지나도 몸은 엄청난 속도로 회복된다. 이런 걸 바로 진정한 초능력자라고 할 수 있지 않을까? 초능력자가 되려면 쉬지 않고 오랜 시간 꾸준히 훈련하는 게 최고의 방법일 것이다.

스무 번째 사건

과학 수사대, DNA를 검사하다!

마라톤 대회에서 간신히 도망친 나는 말구 할아버지의 지하로 숨어들었다. 텔레비전에서 내가 도망치는 모습을 중계 방송했다고 말구 할아버지는 전해 주었다. 조금이라도 늦었으면 할아버지가 나를 구하러 나갔을 거라는 말에 나는 눈물이 핑 돌았다.

이 세상에 내 말을 믿어 주는 사람은 단 한 명. 바로 말구 할아버지다. 지구인 70억 명 중에 단 한 명만이 내 편인 것이다. 나는 이걸 70억 분의 1만큼의 희망이라고 생각한다.

집으로 들어왔을 때 나는 바위를 달아 놓은 것처럼 몸이 무겁고 아팠다. 내가 지쳐 쓰러져 있자 할아버지가 말했다.

"그건 일반 마라톤 그 이상을 뛰었기 때문이지. 그렇게 격렬하게 달리면 근육이 아주 많이 손상되거든. 대형 교통사고를

당했을 때와 맞먹을 정도야."

할아버지가 주신 피로 회복에 좋은 영양제를 먹자 몸이 금방 회복됐다.

그때 어디선가 방구 냄새가 났다. 할아버지는 나를 의심했고, 나는 할아버지를 의심했다. 그러면 휴허밖에 없다. 휴허가 보란 듯이 또 방귀를 뀌어 댔다.

휴허는 유기견이었다. 발견했을 때 교통사고를 당해 있었는데, 할아버지가 데려와 치료해서 한 가족이 되었다. 휴허란 이름은 미국 MIT 공대의 휴허 박사에게서 따온 이름이라고 한다. 휴허 박사는 안드로이드를 연구하는 세계적인 로봇 박사라고 한다. 산에서 사고를 당해 두 다리를 잃은 휴허 박사는 로봇을 연구해 자신의

다리를 로봇 다리로 바꾸었다고 한다.

"나도 휴허의 뇌 일부를 인공 지능으로 바꾸었지."

"하지만 방귀만 뀌는데요?"

"개의 지능을 인간 수준으로 높이는 건 쉽지 않은 일인 건가? 아님, 말구."

다음 날 저녁, 나는 밖으로 나가기 위해 변장을 했다. 우리 집 근처에서 기다렸다가 가짜 나유식을 미행하려는 계획이었다. 가짜 나유식이 나보다 강력한 초능력을 가졌다고 해도, 어느 순간에는 빈틈을 보일 것이라고 생각했기 때문이다.

나는 가짜 수염을 붙이고, 두꺼운 안경을 쓰고, 모자를 눌러 썼다. 뚱뚱한 배불뚝이처럼 보이려고 배에 방석을 끈으로 묶었다. 그리고 휴허를 데리고 산책을 나온 듯이 공원을 걸었다.

그런데 휴허가 갑자기 뛰기 시작했다. 어찌나 힘이 센지 나는 질질 끌려갔다.

"왜 이래? 정신 차려!"

휴허는 눈송이처럼 하얗고 예쁜 개를 보고 달렸던 것이다. 눈송이 개는 슈퍼마켓 앞에 묶여 있었다. 주인이 물건을 사려고 잠시 들어간 모양이었다.

눈송이 개는 나를 아는지 꼬리를 치며 반겼다. 나는 눈송이 개를 쓰다듬어 주었다.

그때 슈퍼마켓 안에서 눈송이 개의 주인이 나왔다. 개의 주인은 다름 아닌 송희주였다. 보고 싶었던 나의 여자 친구 희주가 내 앞에 서 있었다. 예전에 희주의 개와 함께 공원에서 종종 놀았는데, 희주 개는 나를 잊지 않았던 것이다.

희주의 손에 식빵과 춘장이 들려 있었다.

"춘장을 식빵에 발라 먹으려는 거지?"

내가 물었다. 희주는 낯선 사람이 말을 걸자 경계하는 눈빛으로 바라봤다. 내가 변장을 하고 있어서 희주는 이금도인 내 얼굴은 알아보지 못했다.

"춘장을 바른 식빵 맛, 난 그 맛을 알아."

"그걸 어떻게 아세요?"

희주가 물었다.

"짭짜름하면서 달짝지근한 맛이지. 마치 덜 마른 코딱지를 씹는 맛이랄까?"

"그걸 어떻게……?"

희주의 눈동자가 놀라서 커졌다. 그럴 법도 했다. 식빵에 버터나 잼을 발라 먹는 사람은 있어도 춘장을 발라먹는 사람은 없으니까. 그렇게 먹는 사람은 이 세상에서 딱 한 명이다.

"너랑 같이 먹었잖아. 가을 운동회가 끝나고 아이들이 모두 돌아간 운동장에서 정글짐 위에 앉아 파란 하늘을 보며 우리가 같이 먹었잖아."

나는 어제 있었던 일처럼 생생하게 말했다.

"누…… 누구세요?"

희주의 눈동자가 떨렸다. 희주가 나를 두려워하는 것 같았다. 나는 희주를 안심시키고 싶었다.

"나는 나쁜 사람이 아니야. 믿지 않겠지만, 나는 네 친구야."

"친구라고요?"

나는 고개를 끄덕였다. 갑자기 슬픔이 목을 타고 올라왔다.

"내 말을 믿어 줘. 나는 정말 네 친구야. 너랑 2학년 때부터 계속 같은 반이었어."

내 두 눈에서 눈물이 주룩주룩 쏟아져 목을 타고 흘렀다.

"희주야, 흑흑, 나는 엄마 말고 뽀뽀한 여자는 네가 처음이야. 2학년 때 달리기하다가 넘어져서 너랑 뽀뽀했잖아. 난 그때 우리가 정말 결혼해야 할 줄 알았어. 흐흐흑."

희주의 커다란 눈동자가 내 눈동자를 가만히 들여다봤다. 희주의 눈동자는 송아지 눈 같았다. 바닥이 다 보일 정도로 맑고 맑은 개울물 같았다. 거짓말이라곤 할 줄 모를 것 같은 눈동자였다.

"2학년 때부터 같은 반이었던 아이는 한 명밖에 없는데? 혹

시 너무식?"

희주가 물었다. 나는 고개를 끄덕였다.

"정말 너무식이니? 너무식이 왜 이렇게 커졌지? 아까 학교에서 봤을 때는 이렇지 않았는데? 얼굴 좀 보자."

희주는 수염으로 가린 내 얼굴을 보려고 손을 내밀었다.

"안 돼. 지금 내 얼굴을 보면 넌 놀랄 거야. 쉽게 말하면 난 저주 섞인 마법 같은 거에 걸렸어."

"아, 그렇구나. 너의 눈동자를 보니까 알 것 같아. 너무식인 것 같아."

"나유식이야."

나는 손등으로 눈물을 닦으면서 말했다. 눈물은 짰다.

"미안해. 그래, 나유식."

"너무식이라고 불러도 좋아. 너무식이란 별명이 정말 그리웠어."

나는 희주를 데리고 말구 할아버지의 집으로 왔다. 그리고 그동안 있었던 얘기를 하나씩 들려줬다(물론 도저히 믿을 수 없는 얘기, 이를테면 별똥별 초능력과 빨간 내복에 대한 얘기는 뺐다).

희주는 믿을 수 없다는 표정이었다. 난 가짜 수염을 떼어 내고 얼굴을 희주에게 보여 주었다.

"이금도?" 하면서 희주가 바닥에 털썩 주저앉았다.

"그래. 나유식이 아니라 이금도야. 내 모습이 은행털이범 이금도로 바뀌었어. 그리고 이금도가 내 모습으로 바뀌었고."

"그렇다면 우리 반에 있는 나유식이 이금도란 말이야?"

희주의 말에 나는 울면서 고개를 끄덕였다.

희주가 "괜찮아, 괜찮아. 그럴 수도 있어."라고 말했다. 하지만 희주는 숨을 가쁘게 몰아쉬며 다리를 덜덜 떨었다.

"내 얼굴 많이 이상하지?"

내가 묻자 희주가 내 눈물을 닦아 주며 말했다.

"좀 이상하긴 해. 하지만 눈동자는 똑같은걸. 단번에 알아봤잖아."

희주는 내 얼굴을 자세히 들여다보며 말했다.

"학교에서 나유식이 아무래도 이상했어. 친절하지도 않고, 말투도 꼭 어른이 말하는 것 같았어. 낯설고 어색해서 나랑 멀어졌어. 이제야 그 이유를 알겠어."

희주는 갑자기 좋은 생각이 났다는 듯 들뜬 목소리로 말했다.

"유식아, 빨간 내복 알지? 이럴 때 빨간 내복이 나타나서 널

도와주면 얼마나 좋을까?"

희주 말에 아무런 대꾸를 할 수 없었다. 내가 빨간 내복이라고 사실대로 말할 수 없었다.

"유식아, 용기를 잃지 마. 내가 꼭 널 구해 줄게."

희주가 나를 위로했다. 나는 말없이 고개를 끄덕였다. 눈물이 또 나려고 했다.

이 세상에 내 편은 단 한 명이었는데, 이제 두 명이 됐다.

지구인 중에 내 말을 믿어 주는 사람은 70억 분의 2가 생겼다. 70억 분의 1이나 70억 분의 2나 다를 게 없을 것 같지만, 약분하면 35억 분의 1이 된다. 희망이 두 배로 커진 것이다.

"바로 어제 대통령이 비상 명령을 내리고, 전 국민에게 체포하겠다고 약속했는데, 만 하루도 지나기 전에 또다시 은행이 털리는 사건이 일어났습니다. 범인은 마치 대통령의 명령이 가소롭다는 듯이 행동합니다. 지금 청와대에서는 비상 회의가 소집됐고, 대통령이 장관들과 경찰청장에게 불같이 화를 냈다고 합니다."

텔레비전에서 은행털이범 뉴스가 계속 이어졌다.

또 터지고 말았다. 내가 저지르지 않은 사건인데, 마치 내가 저지른 것처럼 온 세상이 떠들고 있다.

"김 기자, 은행털이범이 이금도가 확실한가요?"

아나운서의 질문에 기자가 답변했다.

"이금도가 범인인 것은 확실합니다. 보시다시피 CCTV에 이금도의 모습이 선명하게 찍혀 있습니다. 이상한 점은 이금도가 일부러 CCTV에 찍히는 걸 즐기는 것 같습니다. 전혀 얼굴을 가리지 않고, CCTV 앞에서 보란 듯이 행동합니다. 정말 이상합니다."

"이상하지 않으면 은행을 털러 다니지도 않겠지요. 어쨌든 이제는 이금도 대 원지서 대통령의 대결로 보이는 양상입니다. 아무리 귀신 같은 능력을 가진 범인이라고 하지만, 대통령을 이길 수 있을까요? 마치 잡을 테면 잡아 보라고 하면서 혀를 내밀고 놀리는 것만 같습니다."

"그렇습니다. 불안해서 은행에 저축하지 않는 사람들이 늘어난다고 합니다. 원지서 대통령이 취임한 이후 가장 큰 위기를 겪고 있습니다."

내가 허공을 달려 도망가는 모습은 빌딩 숲에 가려져서 착시 현상을 일으킨 것으로 보도됐다. 아나운서가 귀에 꽂은 이어폰에 손을 댔다.

"아, 방금 현장에서 들려온 소식입니다. 이금도가 남긴 것으로 보이는 USB가 발견됐다는 소식이 들려오는군요. 현장에 나가 있는 기자를 연결해 보겠습니다. 방구남 기자?"

화면은 은행 앞에서 마이크를 잡고 서 있는 기자로 바뀌었다.

"네, 방구남입니다. 지금 제가 있는 곳은 오늘 새벽에 도난당한 은행입니다. 범인이 남긴 것으로 보이는 USB 안에는 범인의 음성 메시지가 저장돼 있었습니다. 제가 지금 들려 드리겠습니다."

원지서 대통령님, 오금순 형사님,
저를 잡으려고 밤을 새워 가며 수사를 하는 대한민국 경찰과 국민 여러분 반갑습니다!
미안하지만, 당신들은 절대로 나를 잡을 수 없습니다.
오금순 형사, 당신의 멍청한 수사는 나를 언제나 즐겁게 하는군요. 으하하하하!
국민 여러분, 여러분이 은행에 돈을 입금한다는 것은 곧 내게 돈을 갖다 주는 것이나 마찬가지입니다. 대한민국의 은행은 모두 내 것이니까요. 으하하하하!

USB에 저장된 목소리는 사람의 목소리가 아니라 기계의 목소리였다. 컴퓨터로 음성을 변조한 것이다.

나는 오싹 소름이 끼쳤다. 정말 범인은 사람이 아니라 귀신처럼 느껴졌기 때문이다.

"용의자 이금도, 대통령에게 도전을 하는 걸까요? 대한민국 전체를 놀리는 것만 같습니다. 대한민국 전체에 큰 혼란이 일어날 것 같습니다."

"대통령의 지시로 가장 뛰어난 특수 수사대가 체포 작전에 투입됐다고 합니다."

말구 할아버지는 속이 상했나 보다. 아나운서와 기자들의 말을 듣다 말고 텔레비전을 꺼 버렸다.

'여기 지금 은행 앞인데, 난리가 났어. 경찰과 형사들 수십 명 아니 수백 명이 왔고, 동네 사람들까지 몰려왔어.'

희주에게서 휴대 전화로 문자가 왔다. 뉴스에 나온 은행은 우리 동네에서 멀지 않은 곳이었다.

'이 근처에서 사건을 일으킨 것은 경찰에게 일부러 내 위치를 더욱 노출시키려고 그런 것이 아닐까?' 하는 생각이 스치고 지나갔다.

나는 밖으로 나가는 것이 두려웠지만, 억울한 마음이 더 컸다. 나는 변장을 하고 나갈 준비를 했다.

"나가려고? 위험하지 않겠어? 대한민국에 너를 모르는 사람이 없을 텐데……."

말구 할아버지가 걱정하는 얼굴로 물었다.

"범인은 범행 현장에 한 번은 꼭 나타난다고 하잖아요."

말구 할아버지는 안전하게 현장을 살필 방법을 궁리했다.

"옳지. 휴허를 사용하자."

"휴허를요?"

"휴허를 스파이로 보내는 거야. 누가 개를 스파이로 의심하겠어? 휴허는 웬만한 명령은 잘 들으니까……."

할아버지는 서랍을 열고 여러 가지 부품들을 꺼냈다.

"이걸 휴허의 귀에 꽂아서 명령을 내리는 거야. 이어폰이지. 휴허는 귀가 크니까 이어폰을 귀에 꽂아 이렇게 귀로 덮으면 아무도 모를 거야. 그리고 이건 고성능 마이크야. 휴허의 목에 다는 거지."

"아하, 어떤 작전인지 알겠어요."

나는 그제야 눈치챘다.

휴허를 범행 현장에 보내서 경찰들이 하는 말을 다 듣자는 작전이었다. 마이크로 휴허에게 명령을 내리면, 휴허의 귀에 꽂힌 이어폰을 통해 휴허가 알아듣고 움직일 테니까.

"우리는 현장에서 눈에 안 뜨일 정도로 멀리 떨어진 장소에 숨어서 쌍안경으로 감시를 하면 돼."

할아버지는 옷장에서 가발과 옷, 화장품, 선글라스 등을 꺼냈다.

"이십 년 전에 죽은 내 아내의 물건이야. 내가 이걸 다시 꺼내게 될 줄은 꿈에도 몰랐어."

할아버지는 나를 할머니로 변장시키고 휠체어에 태웠다. 할아버지와 나는 노인 부부처럼 행세했다. 내 나이 열한 살밖

에 안 됐는데 몹시 아픈 일흔 살이 넘은 할머니처럼 행동하는 것이 쉬운 일은 아니었지만, 나는 텔레비전에서 봤던 것처럼 제법 그럴싸하게 흉내냈다.

할아버지와 나, 그리고 휴허는 경찰들의 경계망을 무사히 지났다. 내가 숨이 넘어갈 듯이 기침을 몇 번 하자 나를 의심하는 경찰은 없었다.

맞은편에 이상하게 차려 입은 여자아이가 나타났다. 머리 전체에 꽃무늬 스카프를 두르고, 나비 모양의 검은 선글라스를 썼다. 비도 오지 않는데 비옷을 걸친 채 주변을 두리번거렸다.

경찰들이 수상한 눈길로 여자아이를 살펴봤지만, 초등학생 정도의 키라서 검문을 하지는 않았다.

"너…… 넌……."

수상한 여자아이는 바로 송희주였다.

"앗! 나유식! 할머니가 됐네!"

희주도 날 알아보며 놀라는 눈치였다.

"쉿!"

나는 손가락으로 입을 가리켰다.

"희주야, 옷 꼴이 그게 뭐야? 사람들이 다 쳐다보잖아."

"비밀 요원 복장이야. 난 너를 비밀리에 만나 도와줘야 하잖

아. 이제부터 난 비밀 요원이란 말이야. 어때? 멋지지?"

희주는 신이 난 듯 들뜬 목소리로 속삭였다.

"너 때문에 더 시선을 끌잖아. 안 되겠어. 얼른 이 자리를 피하자."

휴허를 범행 현장인 은행 안으로 슬쩍 넣어 주고 할아버지와 나, 희주는 근처의 건물로 들어갔다. 엘리베이터를 타고 건물 옥상으로 올라가자 범행 현장이 한눈에 보였다.

"휴허, 앞으로 가. 그만! 멈춰. 꼼짝하지 마. 기다려!"

휴허는 할아버지 명령을 아주 잘 따랐다. 휴허는 떠돌이 개처럼 범행 현장 바로 앞 화단에 주저앉았다. 휴허의 목걸이에 달린 마이크와 카메라를 통해 현장의 목소리와 모습이 잘 보였다.

파란색 옷을 입고 마스크를 쓴 사람들이 현장을 분주하게 오갔다. 옷에는 〈특수 과학 수사대〉라고 쓰여 있었다.

그 사이에 오금순 형사도 보였다. 얼마 전에 봤을 때보다 10년은 더 늙은 것처럼 보였다. 오금순 형사는 초조하고 불안한지 주변을 계속 왔다 갔다 했다.

"이 개가 왜 이렇게 졸졸 따라다니지? 저리 가라."

오금순 형사는 휴허를 향해 짜증을 냈다. 그러나 휴허는 혀를 빼물고 악수를 하자는 듯 앞발을 들었다.

"누가 손 달라고 했어? 개 주인 없어요? 어서 데려가세요."

오금순 형사는 구경하는 사람들을 향해 소리쳤지만, 아무도 대답하지 않았다. 오금순 형사는 "허, 참." 하면서 혀를 차고는 장소를 이동했다.

검은 선글라스를 쓴 특수 과학 수사대장이 수사대원들에게 지시했다. 선글라스를 벗으니까 눈이 단추 구멍만큼 작았다.

"힉!" 하고 우리는 놀랐다.

"저 정도면 스마트폰으로 얼굴 잡티 지우는 기능을 쓰면 눈이 사라져 버리겠어." 하고 희주가 말했다.

"대통령의 특별 지시다. 범인이 사람이 아니라 귀신이라고 할지라도 우리의 과학 수사망을 벗어나지 못하게 해라. 티끌 하나, 실오라기 하나도 모두 증거가 된다. 무조건 찾고 또 찾아라."

특수 과학 수사대장의 명령에 대원들이 일제히 복창했다.

"네! 알겠습니다!"

"작전 지시를 하겠다. 제1단계, 증거를 모아라. 제2단계, 지문을 채취하고 대조해라. 제3단계, 미세 증거를 찾아라. 자취와 자국은 모조리 훑어라. 제4단계, 유전자를 찾아라. 자, 시작이다!"

특수 과학 수사대원들의 과학 수사가 시작됐다.

"현장 감식을 시작하겠습니다."

수사대원들은 오금순 형사에게 고무로 된 장갑을 내밀고, 자신들도 고무로 된 장갑을 끼었다.

"현장에 있는 범인의 지문이 다른 사람들의 지문으로 오염되는 걸 막기 위해서입니다."

오금순 형사는 억지로 고무장갑을 끼었다.

"감식할 필요도 없어요. CCTV에 다 찍혔어요. 이금도가 버젓이 CCTV를 향해 V자로 손가락을 만들어 흔들어 보였다니까요."

오금순 형사가 분한 듯이 말했다.

"그래도 우리는 철저하게 분석하겠습니다. 과학 수사는 우리의 임무니까요."

과학 수사 대원들은 문고리와 유리창 등에 어떤 가루를 뿌렸다.

"그건 또 무슨 행동입니까?"

"범인이 만졌을지도 모르는 물품들에 지문이 남았을지 모르니까요. 이 가루를 뿌리면 지문이 나타납니다. 유리같이 반짝이는 표면은 지문이 잘 남습니다. 수분을 빨아들이지 않기 때문에 손가락에 있는 땀이나 기름기가 물체 표면에 그대로 남게 되지요. 그래서 가루를 뿌리면 쉽게 눈에 보이게 되는 것입니다. 아울러 은행에서 근무하는 모든 직원뿐만 아니라 경비원들의 지문까지 기록해 두겠습니다."

"철저하긴 하네요."

오금순 형사가 감탄을 터트렸다.

"무엇이든 철저한 게 저희 임무입니다."

과학 수사 대장이 담담한 목소리로 대답했다.

"여기 지문이 하나 발견됐습니다."

과학 수사대원 한 명이 소리쳤다. 그러고는 접착테이프를 꺼내 유리창에 남은 지문을 찍었다.

"이렇게 하면 접착테이프에 그대로 지문이 복사됩니다."

과학 수사대장은 지문 묻은 테이프를 특수 봉투에 넣고 밀

봉했다.

"다른 미세 증거들도 철저하게 찾도록 해."

대장이 대원들에게 지시하자 대원들은 작은 가정용 진공청소기 같은 도구를 꺼내 들었다.

"미세 증거라니요?"

오금순 형사가 물었다.

"머리카락이나 실같이 사람 눈에 잘 보이지 않는 아주 작은 증거들이지요. '접촉한 물체는 서로에게 흔적을 남긴다!' 이것을 로카르의 법칙이라고 하지요. 이 세상에 완전 범죄는 없습니다. 범죄 현장에는 항상 범인의 흔적이 남아 있지요. 정신없이 서둘러 도망치는 범인은 자기도 모르게 흔적을 남기니까요. 머리카락 한 올, 옷의 실 한 가닥, 신발 바닥에 붙은 카펫의 실 한 올도 모두 범인을 검거할 수 있는 증거가 됩니다."

과학 수사대원들은 진공청소기 같은 도구로 미세 증거들을 빨아들인 후에 특수 봉투에 밀봉하고, 이름표를 붙였다.

"국립과학수사연구원에 의뢰해 분석할 계획입니다. 하루 만에 검사 결과가 나옵니다. 바로 통보해 드리겠습니다."

과학 수사대장이 오금순 형사에게 다가가 말했다.

"이금도가 USB에 목소리를 남긴 걸 들으셨지요? 지금 이금도는 함정에 빠졌습니다. 이금도는 얼마 지나지 않아 잡힐 것입니다."

"어떻게 그렇게 단정 지으십니까? 이금도는 우리를 조롱하고 있는데요?"

오금순 형사가 믿기지 않는 말투로 물었다.

"미국 FBI에서 연쇄 살인범 전문가로 명성을 날렸던 존 더글러스는 미궁에 빠진 연쇄 살인 사건의 범인이 결국 잡히는 주요한 이유 가운데 하나로 자만심을 꼽았지요. 그에 따르면 처음에 살인을 저질렀을 때에는 무척 조심스럽고, 어떻게든 흔적을 남기지 않으려고 애를 쓴다고 해요. 그런데 살인이 계속되면 계속될수록 살인자는 점점 대담해지지요. 그래서 이전의 살인 사건과 이번 사건이 같은 범인이 저지른 것이라는 징표나 흔적을 일부러 남기기도 하고, 언론사에 편지를 보내거나 경찰에 전화를 걸어 비웃고 조롱하기도 하지요. 당연히 이런 오버액션이 쌓이고 쌓이다 보면 꼬리가 길어지고 결국 밟히게 되는 것입니다. 범인 스스로 이런 자만심의 함정에 빠지게 되는 것입니다."

과학 수사대장은 그렇게 말하고 현장으로 들어갔다.

지켜보던 말구 할아버지가 쌍안경을 희주에게 건네며 말했다.

"프로 중의 프로군. 저렇게 과학적인 방법을 총동원해 수사한다면 귀신도 잡겠어."

내 생각에도 과학의 힘 앞에서는 어떤 범죄 사실도 다 밝혀질 것 같았다.

"휴허, 앞으로 가. 그렇지. 거기 서. 기다려."

나는 휴허에게 특수 과학 수사대장 옆에 더 가깝게 붙어 있도록 명령했다. 특수 과학 수사대장은 개는 신경 쓰이지 않는 모양이었다. 오히려 귀엽다는 듯 휴허의 머리를 쓰다듬어 주었다.

"뭔가 수상해 보이는 점은 없어?"

쌍안경으로 열심히 살피는 희주에게 내가 물었다.

"찾았어! 저기 범인이 있어!"

희주가 가리켰다.

그곳에는 가짜 나유식이 자전거를 타고 경찰차 주변을 빙글빙글 돌고 있었다.

"저 나유식이 이금도란 말이지? 어라? 얘들이랑 재미나게 놀고 있는데?"

희주 말대로 가짜 나유식은 너무나 태연하게 놀고 있었다. 가끔 아이스크림을 핥으면서 경찰들 사이로 고개를 내밀고 기웃거릴 뿐이었다.

"가짜 나유식과 한패인 공범은 없는 모양이구나. 가짜 나유

식이 혼자 저지른 단독 범행이 분명해."

말구 할아버지의 목소리는 확신에 차 있었다.

그때 과학 수사대원 한 명이 뭔가를 찾았는지 밀폐 용기를 들고 달려왔다.

"대장님, 범인은 외국인인가 봅니다!"

"외국인? 증거를 찾았어?"

"털이 노란색입니다! 이런 털은 우리나라에 없습니다! 외국인이 분명합니다!"

대장은 밀폐 용기를 열고 돋보기로 들여다봤다.

쯧쯧, 하고 대장은 혀를 찼다.

"자네, 개털이랑 사람 털이랑 구분도 못 하나?"

"그러면 개가 은행을 턴 건가요?"

대원이 다시 물었다.

"으휴, 자네 대체 어떻게 우리 수사대원이 된 거야?"

대원은 얼굴이 빨갛게 달아오르며 휴허를 노려봤다.

"저놈의 개 때문에…… 죄송합니다. 제가 오늘 처음 일을 시작해서요."

"완전히 햇병아리 왕초보로군. 증거다운 증거를 찾아라!"

"넵!"

대원은 경례를 올리고 바람처럼 사라졌다.

잠시 뒤, 개털을 찾았던 왕초보 대원이 다시 헐레벌떡 대장에게 다가왔다.

"대장님, 제가 이번에는 확실한 정보를 알아냈습니다."

"또 뭐?"

"범인은 왼손잡이가 분명합니다."

"그건 또 왜?"

"범인이 사용한 것 같은 드라이버가 남아 있었는데, 오른손이 아니라 왼손으로 사용한 흔적이 있었습니다."

대원이 건넨 드라이버를 살펴본 대장은 고개를 끄덕였다.

"정말이군. 잘했어. 이제야 정상적인 대원 같네."

대장의 칭찬에 왕초보 대원이 흐뭇하게 미소를 지으며 돌아섰다.

몇 걸음 걸어가던 왕초보 대원은 문득 떠오른 게 있다는 듯 다시 돌아섰다.

"대장님, 그런데 제 생각에는 정말 이해가 안 되는 점이 한 가지 있습니다."

"또 뭔데?"

"이건 제가 칭찬 받으려고 드리는 말씀이 아닙니다."

"알았어. 얘기해 봐."

"아이가 어른으로 변할 수 있는 건가요?"

"무슨 소리야?"

왕초보 대원은 누가 들을세라 대장에게 작은 목소리로 속삭였다. 할아버지는 얼른 스피커의 볼륨을 높였다.

"저쪽 은행 뒷문 쪽에 진흙길을 살폈는데요. 범인의 발자국이 남아 있었습니다."

"범인 발자국이 확실해?"

"분명합니다. 어젯밤까지 비가 심하게 내리지 않았습니까? 그후 새벽에 은행에 도둑이 들었기 때문에 남아 있는 발자국은 은행털이범의 것이 분명합니다."

"그래?"

듣는 둥 마는 둥 하던 대장은 흥미로운 듯 고개를 돌리며 주의를 기울였다.

"그런데 범인의 발자국은 어린아이의 신발 자국이었습니다. 초등학생 정도였습니다."

"초등학생이라고? 에이, 초등학생이 은행을 털 리가 없잖아. 범인은 이금도가 분명해."

대장이 고개를 저었다.

"물론 저도 그렇게 확신합니다. 제가 발자국이 이상하다는 것은, 초등학생 발자국이 마지막에는 어른 발자국으로 변했다는 것입니다."

"뭔 소리야?" 하고 대장이 턱을 매만졌다. 그러다가 "아하!" 하고 고개를 끄덕이며 말문을 열었다.

"초등학생이 어른 신발로 바꿔 신은 거구만. 아니면 어른이 초등학생 신발을 신고 왔다가 다시 어른 신발로 바꿔 신었겠지. 이금도가 경찰 수사에 혼란을 주려고 일부러 만든 작전이겠지."

"아니요. 그게 아닙니다. 애초에 처음부터 초등학생이었습니다. 신발이 진흙을 누른 압력을 측정해 범인의 몸무게를 추정해 보면 40kg 정도의 어린이였는데, 나중에는 80kg 정도 되는 성인으로 바뀌었습니다. 그 발자국을 보면 어린이가 성인으로 변한 것이 분명합니다."

왕초보 대원은 확신에 찬 목소리로 말했다. 목소리가 너무 커서 대장이 깜짝 놀라 뒤로 물러날 정도였다.

"이봐, 햇병아리. 그래서 지금 자네가 주장하는 게 뭐야? 어린이가 어른으로 변신해서 은행에 침입했다는 거야? 이금도가 원래는 어린이였다는 거야?"

"아…… 아니, 그게 아니라요. 저도 말이 안 되는 증거라서요. 하도 이상해서……."

왕초보 대원은 뒤통수를 긁적거리며 얼버무렸다.

"말이 되는 소리를 해야지. 내가 특수 과학 수사만 37년이야. 아이가 마법사야? 어른으로 막 커져? 낮에는 순진한 아이로 초등학교를 다니면서 선생님 말씀 잘 듣다가, 밤이 되면 어른으로 변해서 이 은행 저 은행 털고 다녀? 엉? 그런 거야? 그래서 우리가 못 잡는 거야?"

대장이 버럭 소리치자, 왕초보 대원은 점점 기가 죽었다.

"죄송합니다!"

왕초보 대원은 얼른 경례를 하고 돌아갔다.

"나 원 참."

대장은 손바닥을 탁탁 털었다. 그러다가 문득 무슨 생각이 떠올랐는지 고개를 휙 돌렸다.

"이상하네. 지난번에 잡아서 감옥에 가둔 이금도는 왼손잡이가 아니라 오른손잡이라고 했는데……. 어떻게 된 일이지?

또 다른 이금도가 있다는 소리인가?"

대장은 고개를 갸웃거리며 혼자 중얼거리다가 "에이, 아니야. 그럴 리가 없잖아." 하고는 고개를 저었다.

그때 다른 대원 한 명이 소리쳤다.

"대장님, 범인의 것으로 보이는 머리카락 두 올을 확보했습니다. 창문 틈에 끼어 있더군요."

"좋았어. 이 정도면 DNA를 뽑을 수 있는 충분한 양이야."

대장은 은행 밖으로 바삐 걸어 나갔다.

번쩍, 하고 어떤 장면이 떠올랐다. 마치 번개가 친 듯 내 머릿속을 순식간에 훑고 지나가는 장면이었다. 감옥에 갇힌 나에게 부모님과 가짜 나유식이 찾아왔을 때, 가짜 나유식은 왼손을 즐겨 사용했었다. 그래, 진짜 이금도는 왼손잡이였다. 그것을 수사대원이 밝혀낸 것이다.

말구 할아버지는 내가 생각하는 것을 이미 알고 있었다는 듯 별로 놀라지 않았다.

"경찰은 두 가지 이유로 이금도의 정체를 의심하기 시작했어. 하나는 범인이 왼손잡이라는 것, 또 하나는 범인이 아이와 어른의 모습으로 자유자재로 신체를 바꿀 수 있다는 것."

"말구 할아버지, 그건 왕초보 대원의 의견일 뿐이잖아요. 과연 수사대장이 왕초보 대원의 말을 믿어 줄까요?"

"작은 의심의 구멍이 시간이 지나면서 큰 댐을 무너지게 만들지. 나도 너를 만나기 전까지는 믿지 않았지만, 지금은 확실히 믿고 있지 않니?"

나는 건물 아래를 몰래 내려다봤다.

가짜 나유식은 여전히 자전거를 타고 현장을 돌며 친구들과 장난을 쳤다. 아마 노는 척하면서 경찰들의 행동을 살피는 것이겠지.

"이금도는 실컷 범죄를 저지른 후 모든 범죄를 너에게 뒤집어씌울 계획인 거야. 이금도의 모습을 한 네가 체포되면 어떻게 될까?"

할아버지가 물었다.

"세상 사람들은 사건이 해결된 줄 알 거고, 경찰도 더 이상 수사를 하지 않겠지요."

"그래. 이금도는 엄청난 돈을 갖고 유유히 사라진다. 이것이야말로 이금도가 꿈꾸는 완전 범죄야!"

말구 할아버지는 낮게 신음을 흘렸다.

나는 다시 가발을 쓰고 할머니 모습으로 변장한 뒤 휠체어를 탔다. 이번에는 검은 나비 선글라스에 꽃무늬 스카프를 두른 자칭 비밀 요원인 희주가 휠체어를 밀었다.

건물 밖으로 나와 건널목을 지나려고 신호등을 기다렸다. 경찰들 대부분이 돌아가서 아까보다 위험하지 않았기에 무사히 집으로 돌아올 수 있을 것 같았다.

그런데 건널목 맞은편에 오금순 형사가 서 있었다. 나는 들키는 게 아닌가 싶어 갑자기 등줄기에 찌릿찌릿 전기가 오르는 것 같았다.

오금순 형사는 나, 그러니까 이금도를 정말 잘 아는 사람이다. 이금도를 오랫동안 추격한 사람도 오금순 형사였고, 이금도를 체포해서 감옥에 가둔 것도 오금순 형사였으니까.

다른 길로 가고 싶었지만, 방향을 갑자기 바꾸면 더 수상하게 보일 것 같았다. 더구나 정신이 반쯤 외출한 여자처럼 옷을 입은 희주가 휠체어를 밀고 있으니 오금순 형사의 날카로운 눈길을 벗어날 수는 없었다.

드디어 초록 신호등으로 바뀌었다. 나는 고개를 푹 숙인 채

심하게 아픈 노인처럼 기침을 쿨럭쿨럭 해댔다.

한 발짝, 두 발짝, 세 발짝…….

오금순 형사가 나를 향해 정면으로 가까이 다가왔다. 나는 머리카락이 쭈뼛 서고 다리가 후들거렸지만, 티 내지 않으려고 온몸에 힘을 줬다.

오금순 형사의 신발 코가 보였다. 내 바로 앞에 오금순 형사가 멈춰 선 것이다. 그리고 무사히도 스치듯이 나를 지나쳤다.

휴, 하고 내가 한숨을 내쉴 때 "저기요!" 하는 소리가 등 뒤에서 들렸다. 오금순 형사의 목소리였다.

"왜 그러시오?"

말구 할아버지가 태연한 척 연기하며 물었다.

"얼굴이…….” 하고 오금순 형사가 내게 다가왔다. 나는 심장이 멎을 것만 같았다. 체포가 되기도 전에 심장이 터져 죽을 것만 같았다.

"어디서 본 듯한 얼굴인데…….”

오금순 형사가 내게 고개를 막 숙이려고 할 때였다.

"으악! 이게 뭐야!"

오금순 형사가 비명을 질렀다. 휴허가 몇 초 사이에 오금순 형사의 발에 오줌을 흠뻑 쌌던 것이다.

"으! 이…… 이 개 뭐야……. 아까부터 자꾸 쫓아 다니더니……. 어제 산 구두인데, 5년 만에 할부로 산 구두인데…….''

오금순 형사는 얼굴을 구겨진 깡통처럼 일그러뜨렸지만, 휴허는 오히려 자기가 잘했다는 듯이 꼬리를 살래살래 흔들며 혀를 내밀었다.

빵빵! 빵빵!

신호등이 어느새 빨간 불로 바뀌고, 자동차들이 길을 비키라고 경적을 울렸다.

"으이, 이, 으윽." 하며 오금순 형사는 신음 소리를 내면서 다리를 절룩절룩 건널목을 건넜다. 우리는 아무 일도 없었다는 듯 천천히 골목 사이로 들어가 몸을 숨겼다.

"휴허! 네가 우리를 살렸구나. 네가 오줌을 안 쌌으면 내가 쌌을 거야."

희주가 휴허의 목덜미를 끌어안았다. 휴허는 이 모든 게 자신의 작전이었다는 듯 "멍!" 하고 짖었다.

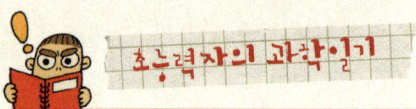

DNA 속에 숨은 생명의 비밀

사람마다 왜 얼굴이 다를까?

이 세상에는 일란성 쌍둥이를 제외하곤 똑같은 얼굴을 가진 사람이 단 한 명도 없다. 사람마다 얼굴이 다른 이유는 바로 DNA가 다르기 때문이다.

마찬가지로 가족의 얼굴이 서로 닮은 이유도 DNA가 비슷하기 때문이지, 가족 역시 DNA가 모두 다르다.

DNA란 생물의 유전 정보를 보관하는 물질로, '핵산'이라고도 한다. DNA는 우리 몸의 생명체를 구성하는 기본 단위인 세포 속에 있다.

DNA는 제임스 왓슨과 프랜시스 크릭이라는 두 청년이 1953년에 밝혀냈는데, 20세기 최고의 발견으로 전 세계를 놀라게 했다.

당시 사람들은 10억 분의 1m도 되지 않는 DNA가 인류와 과학의 운명을 결정짓는다고 흥분했고, 결국 이 두 청년은 노벨상을 받게 됐다. 이 두 박사 때문에 생명과학은 폭발적인 발전을 했다.

이것이 DNA다. 마치 사다리를 비튼 것처럼 생겼다. 두 가닥의 사슬이 나선형으로 이루어져 있어서 이중나선 구조라고 한다.

DNA는 세포 하나마다 약 1.5~3m 길이 정도로 들어 있다. 한 사람에게 나오는 DNA의 길이를 모두 합하면, 무려 지구 둘레를 250만 바퀴를 돌 수 있는 길이가 나온다. 우리 몸속에 DNA가 그만큼 많다는 것이다.

DNA는 우리의 모든 정보를 담고 있는 유전자다. 그래서 DNA를 분석하게 되면 우리 몸속의 비밀을 알 수 있게 된다. 그래서 과학수사, 질병 진단 같은 생명과학 분야에 널리 사용되고 있다.

스물한 번째 사건

디지털 카메라로 변한 눈동자

"어제 한미 정상 회담에 원지서 대통령이 지각했다고 합니다. 다글거 머거 미국 대통령을 30분이나 기다리게 했습니다. 청와대에서는 원지서 대통령이 이금도 때문에 변비에 걸려 늦었다고 밝혔습니다."

채널 8번의 아침 뉴스.

"원지서 대통령이 원형 탈모증이 생겼다고 합니다. 가발을 써야 할지도 모른다고 주치의가 전했습니다. 이금도 때문에 스트레스를 받았기 때문이라고 합니다."

채널 10번의 정오 뉴스.

"원지서 대통령의 얼굴이 판다를 닮아간다고 합니다. 밤마다 이금도가 나타나는 가위에 눌리고 잠꼬대를 심하게 해 다크서클이 생겼기 때문이라고 합니다."

채널 15번의 저녁 뉴스.

"원지서 대통령이 날마다 '이금도, 이금도.' 하면서 이를 갈아 치아가 손상됐다고 합니다. 틀니를 해야 할지도 모른다고 주치의가 말했습니다."

텔레비전에는 하루 종일 원지서 대통령과 이금도에 대한 뉴스가 이어졌다.

말구 할아버지는 텔레비전을 껐다.

나는 대통령에게 미안했다. 할 수 있다면, 나의 별똥별 초능력으로 변비도 낫게 해 주고, 머리털도 나게 해 주고, 새 치아도 돋게 해 주고 싶었다. 내가 존경하는 대통령이 나를 제일 미워한다니, 나는 정말 부끄럽고 죄송했다.

희주와 나 그리고 말구 할아버지는 지하실에 모여 작전을 짰다. 어떻게 하면 가짜 나유식의 정체를 밝히고, 내 몸을 되찾고, 이금도를 체포할 수 있을지 몇 시간이나 열띤 토론을 벌였다.

희주가 턱을 괴고 앉아 작전을 생각하다가 말고 내 얼굴을 요모조모 뜯어봤다.

"아무리 봐도 신기해."

희주는 내가 불쌍한 게 아니라 신기한 모양이었다. 희주는 내 눈을 까뒤집고 볼을 꼬집고 귀를 비틀었다.

"아야야."

내가 비명을 지르자 희주가 말했다.

"아무리 뜯어봐도 진짜네. 얼굴 껍질을 벗겨도 유식이 얼굴

이 안 나올까?"

희주는 무시무시한 소리를 했다. 이렇게 예쁘고 귀여운 얼굴로 표정 하나 안 바뀌고 껍질을 벗기자는 둥 두개골을 열어 보자는 둥 말을 하니까 나는 더 무서웠다.

"엄마가 닭 껍질 벗기는 걸 봤거든. 나도 할 수 있을 것 같아."

희주는 내 턱을 만지며 차분하게 말했다.

"여기 밑에서 위로 홀랑 걷어올리면 단숨에 벗겨질 거야."

"그만!"

난 얼굴 가죽이 달라붙는 것 같았다.

"괜찮아, 너무식. 내가 잘할 수 있어. 믿고 맡겨 봐. 이건 아저씨 가면 같은 것이야."

"으으. 제발 내 턱을 만지지 말아 줘."

나는 신음 소리를 흘렸다.

"앞으로 어두울 때만 다녀야겠어. 방송을 보고 이금도를 알아보는 사람이 많아. 지난번에도 휴허가 아니었으면 오금순 형사에게 체포됐을 거야."

말구 할아버지의 말에 희주도 말했다.

"저도 앞으로 어두울 때만 다녀야겠어요. 어두운 곳으로 몰래몰래 숨어서요."

나는 눈을 한 번 끔벅하고는 "희주야." 하고 불렀다.

"희주야, 네가 왜 도망을 다니고 그래? 아무도 널 쫓거나 의심하지 않아."

나는 희주를 안심시키려고 한 말이었는데, 희주는 오히려 기분이 상한 모양이었다.

"칫, 나도 이금도를 추적하는 비밀 요원이거든!"

희주는 샐쭉해져서 고개를 돌려 버렸다. 나는 갑자기 궁금해졌다.

"어두우면 왜 안 보이는 걸까?"

호기심이 생길 때에는 못 참는 게 내 성격이다.

"어두우니까 안 보이지. 넌 왜 당연한 걸 물어봐?"

희주가 '정말 이상한 애네, 그러니까 모습이 변했지.'라는 표정으로 말했다.

"그러니까 어두우면 왜 안 보이냐고? 어두워도 잘 보일 수 있는 것 아니야?"

내가 묻자 희주가 "어휴!" 하면서 한심하다는 표정으로 팔짱을 끼었다.

"어두울 때 잘 보이면 그게 사람이야? 고양이지. 유식아, 넌 고양이가 아니야. 물론 얼굴은 늙었지만."

"고양이? 그렇지. 고양이는 잘 보는데 사람은 왜 못 보는 걸까? 고양이나 개를 보면 밤에 눈이 번쩍거리잖아. 그건 왜 그런 거야? 사진을 찍으면 사람 눈이 빨갛게 나올 때가 있잖아. 그건 또 왜 그런 거지? 왜? 왜? 왜냐고?"

"그만! 그만! 그만해! 넌 지금 왜를 던질 때가 아니야. 네 얼굴 상태를 보란 말이야. 상한 옥수수 같다고!"

희주가 소리쳤다.

곁에서 말구 할아버지의 차분한 말투가 끼어들었다.

"사람의 눈은 물체에 반사된 빛이 눈동자를 통해 들어왔을 때 보이기 때문이야. 눈 뒤쪽에 망막이라는 벽이 있는데, 물체에 반사된 빛이 망막에 물체 모양으로 맺히지. 그러면 뇌가 그 모양을 보고 물체를 알아보는 거야. 그러니까 어두우면 빛이 없으니까 망막에 물체의 모양이 맺히지 않게 되고, 그래서 보이지 않는 거란다."

"아! 내 눈 속에 거울처럼 물체의 모양이 비치는 벽이 있는 거군요!"

희주가 눈을 깜박거리면서 말했다. 나는 그 모습을 보고 또 궁금해졌다.

"그런데 할아버지, 사람은 왜 눈을 깜박거려요?"

"너무식, 지금 우리는 작전 계획을 짜야 할 때야. 눈동자를 해부할 때가 아니란 말이야."

희주가 타박했지만 할아버지는 다시 한 번 자상한 말투로 설명을 해 주었다.

"사람은 누구나 2~10초 사이에 한 번씩 눈을 깜박이는데, 눈을 깜박이는 건 눈물로 눈을 씻어 주기 위해서야. 우리 눈에는 먼지 같은 게 자주 붙거든. 눈꺼풀 아래에 눈물샘이 있는데, 여기서 눈물이 나오지. 눈을 깜박이면 이 눈물을 눈 전체로 퍼지게 하면서 눈을 깨끗하게 씻어 주는 거지."

"아하! 자동차 앞 유리를 닦아 주는 윈도 와이퍼와 워셔액 같은 거군요. 앞 유리가 더러워지면 워셔액을 뿌리고 와이퍼로 닦잖아요."

"그렇구나. 그러고 보니 자동차 앞 유리와 우리 눈은 비슷하구나."

"자, 이제 작전을 짜야 할 때예요. 우리는 이금도 체포 작전이 급하다고요."

희주가 손뼉을 짝짝 치면서 말했다.

말구 할아버지가 말문을 열었다.

"우리가 먼저 할 일은 경찰과 유식이네 가족을 우리 편으로 만들어야 한다는 거야."

"그렇지요. 제가 바로 그 말을 하려고 했어요." 하고 희주가 말했다.

"우리 편으로 만들려면 가짜 나유식의 정체를 알려야 해. 가짜 나유식이 이금도라는 사실을 경찰과 유식이네 가족이 알게끔 해야 해."

할아버지가 말했다.

"그러면 제 계획을 말씀드릴까요?"

희주가 작정을 한 듯 말했다. 나는 제발 엽기적인 계획이 아니길 바랐다.

"유식이의 눈을 부모님에게 보여 주는 거예요."

"눈을?"

"네. 저도 유식이 눈을 보고 유식이라는 걸 알았으니까요. 딴 생각을 하는 듯, 집에 두고 온 과자 생각을 하는 듯한 저 눈, 유식이 말고는 저런 눈을 가진 사람은 이 세상에 없어요."

"유식이의 눈이라······." 하고 할아버지는 생각에 잠겼다가 입을 열었다.

"사람의 눈은 뇌의 일부로 보지. 뇌의 일부가 변해서 눈이

됐다는 뜻이야. 그래서 사람의 마음과 가장 가까운 기관이 뇌라고 한다면, 눈이 마음을 들여다볼 수 있는 역할을 한다는 게 틀린 말은 아니야."

하지만 나는 고개를 흔들었다.

나도 내 눈을 부모님이 보고 나를 알아봐 준다면 얼마나 좋을까, 생각했다. 하지만 감옥에 갇힌 나를 면회 왔을 때 부모님은 안타깝게도 알아보지 못했다.

아빠, 엄마가 떠오르자 갑자기 슬퍼졌다. 나를 사랑하지 않아서 나를 못 알아보는 게 아닌가 싶었다. 눈물이 주르륵 흘렀다. 눈물은 왜 이렇게 짠 것일까? 달콤한 맛이 나면 더 좋을 텐데. 눈물과 함께 콧물이 줄줄 나왔다.

희주가 내 얼굴을 빤히 바라봤다. 내가 불쌍해서 그런 것 같았는데, 그게 아니었다.

"눈물이 나면 콧물은 왜 같이 나는 거지?"

내가 불쌍한 게 아니라 눈물과 콧물이 궁금했던 것이다.

팽, 하고 나는 코를 풀었다. 콧물이 휙 날아가서 휴허의 코에 척 붙었다.

"눈과 코가 연결돼 있기 때문이지. 눈물이 콧속으로 들어가 함께 나오는 거란다. 그런데 작전 회의가 왜 자꾸 과학 시간이 되는 거냐?"

말구 할아버지는 헛기침을 한 다음에 다시 입을 열었다.

"눈을 이용한다는 건 아주 좋은 작전이구나."

"그렇죠? 내 말이 맞죠? 그런데 유식이에게서 눈알을 어떻게 빼서 부모님께 갖다 드리죠? 제가 젓가락으로 빼 볼까요? 저는 명태 눈알도 잘 빼서 먹어요."

엽기녀 희주의 무서운 상상이 또 시작됐다.

"어느 누구도 눈이 똑같은 사람은 없단다. 정확하게 말하면 홍채라는 것인데, 이 홍채로 사람의 신원을 알아내기도 하지. 그래서 요즘은 보안 장치에 홍채 인식 기술을 사용한단다. 신원을 확인할 수 있는 대표적인 방법으로 첫째, 지문. 둘째, 홍채. 셋째, DNA이지. 가짜 나유식의 정체를 밝히려면 우리는 지문, 홍채, 그리고 DNA를 알아내야 해."

"하지만 유식이와 이금도가 모습이 바뀌었잖아요. 유식이의 홍채, DNA도 이금도와 바뀐 건 아닐까요?"

희주가 나도 예상하지 못한 질문을 했다.

"유식이와 이금도는 단순히 외모만 바꾼 거야. 성형 수술을 하면 외모는 바꿀 수 있어도 홍채나 DNA는 절대 바꿀 수 없지. 그러니까 유식이의 홍채와 DNA는 예전 그대로야."

할아버지의 설명에 희주와 나는 고개를 끄덕였다.

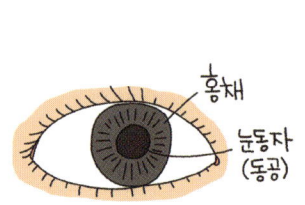

어두운 곳에서는 많은 빛을 감지할 수 있도록 눈동자가 커져요.

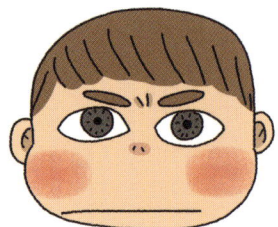

밝은 곳에서는 빛의 양을 줄여 선명한 상을 나타내기 위해 눈동자가 작아져요.

"가짜 나유식은 초능력자라서 경찰이 체포하려고 하면 모습을 바꿀지 몰라요. 지금은 내 모습으로 바꿨지만, 다음에는 희주나 할아버지 모습으로 바꿀 수 있다고요."

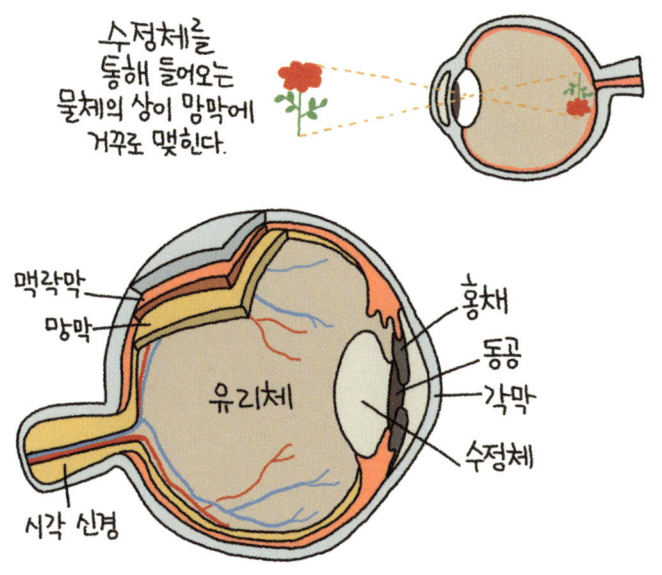

 내 말에 희주의 눈이 토끼 눈처럼 동그랗게 됐다. 말구 할아버지가 입을 열었다.

 "자신의 모습을 완벽하게 다른 사람으로 바꾼다는 것은 참으로 무서운 초능력이야. 만약 가짜 나유식이 대통령으로 변신한다면 우리나라에 얼마나 심각한 혼란이 오겠어?"

 상상만 해도 끔찍했다.

 "그런 도둑이 대통령이 된다면, 온갖 나쁜 짓을 다 저지르겠지요. 외계인에게 지구를 팔아먹을지도 몰라요."

 희주가 외계인과 싸우려는 만화 주인공 같은 모습으로 주먹을 불끈 쥐었다.

"가짜 나유식이 모습을 바꾸더라도 금방 알아낼 수 있는 가장 확실한 방법이 홍채 인식이야! DNA는 분석하는 데 시간이 걸리고, 지문은 자기 스스로 약품으로 지울 수 있어. 하지만 홍채만큼은 바꿀 수 없지. 만약 유식이의 홍채와 가짜 나유식의 홍채를 분석해서 신원을 알 수 있도록 한다면 가짜 나유식이 이금도라는 걸 아주 쉽게 밝혀낼 수 있을 거야."

희주는 "좋아요!" 하고 외쳤지만, 나는 기운 빠진 모습으로 고개를 흔들었다.

"하지만 우리는 가짜 나유식에게 접근하기도 어려워요. 가짜 나유식은 초능력을 부릴 수 있어요. 낙엽을 돈으로 바꾸는 건 물론이고 벽을 뚫고 통과하는 초능력까지 갖추었다고요."

흠, 하고 할아버지는 팔짱을 끼고 잠시 고민하다가 좋은 생각이 났다는 듯 표정이 밝아졌다.

"내가 발명한 특수 카메라를 사용하면 어떨까? 개조를 하면 홍채를 알아낼 수 있을 거야."

할아버지는 서랍을 뒤져 상자 하나를 꺼냈다. 상자 안에는 카메라가 들어 있었다.

나무로 만들어진 카메라라서 겉보기에는 아이들 장난감처럼 허술해 보였다.

"이걸 발명하면서 언젠가 쓸 일이 있을 거라고 기대했지만, 그게 지금과 같은 사건일 줄은 꿈에도 몰랐다."

할아버지는 카메라에 건전지를 집어넣었다.

"이건 눈물을 흘리는 카메라란다."

"카메라가 울어요?"

"그래. 사람의 눈과 완전히 똑같은 구조를 갖고 있지."

할아버지는 카메라 옆을 눌렀다. 그러자 철컥하는 소리와 함께 카메라가 분해되듯 활짝 열렸다. 내부 구조가 훤히 보였다.

"우리 눈과 가장 비슷한 기계가 바로 카메라야. 나는 이 카메라를 사람의 눈과 비슷한 구조로 만들었지. 등뼈를 가진 척추동물의 눈은 모두 똑같은 구조로 생겼어."

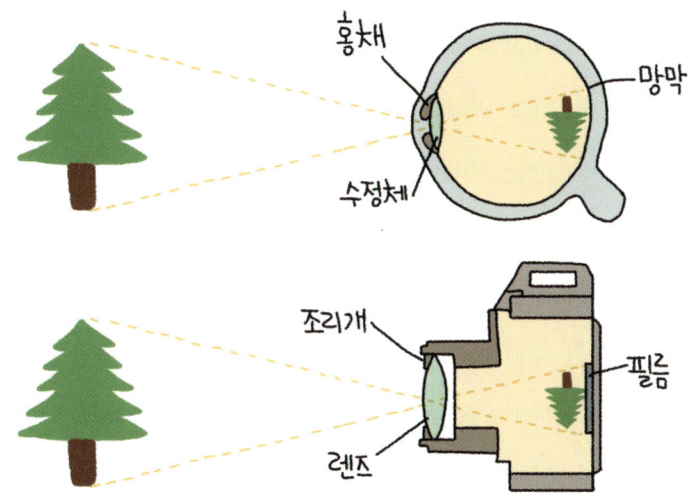

할아버지가 손가락으로 카메라의 렌즈를 가리켰다.

"디지털카메라에서 렌즈를 통과한 빛이 이미지 센서에 기록되지. 이 이미지 센서라는 것은 사람의 눈에서 망막과 같은 거야. 아까 사람의 눈에 있는 망막에 빛이 닿아야 뇌에서 볼 수 있다고 했지?"

"네. 그래서 어두운 곳에서는 빛이 없어서 안 보이는 것이라고 그러셨어요."

"사람의 망막에는 시세포라는 게 있어. 시세포의 수가 1억 3,000만 개 정도 되지. 디지털카메라에도 시세포 같은 게 있어. 바로 이걸 이미지 센서라고 부른단다. 디지털카메라의 이미지 센서의 숫자가 높으면 높을수록 성능이 뛰어나다고 하지. 1,500만 화소라거나 2,000만 화소라고 하는 건 이미지 센서의 성능을 나타내는 거야."

"사람 눈의 시세포가 1억 3,000만 개인 것에 비해 디지털카메라가 1,500만, 2,000만이면 디지털카메라가 사람 눈에 비해서는 성능이 훨씬 떨어지네요?"

나의 질문에 할아버지가 시원하게 대답했다.

"그렇지. 아무리 기계가 뛰어나다고 해도 인체를 따라올 수는 없지. 카메라의 여기 이 부분 보이니? 여기에 손 떨림 방지 기능이 장착돼 있어. 카메라가 흔들렸어도 사진은 흔들리지 않고 선명하게 찍히는 기능이지. 사람에게도 이 기능과 똑같은 게 있어."

"사람의 눈에 떨림 방지 기능이 있어요?"

"눈에 있는 게 아니라 귓속에 있지. 귓속에 전정 기관이라는 게 있는데, 이 기관은 평형 감각을 맡고 있는 곳이야. 사람의 귀는 소리만 듣는 기관이 아니야. 전정 기관은 회전 자극을 느끼는 반고리관과 함께 사람이 중심을 잡을 수 있도록 해주는 역할을 하지. 전정 기관이 있기 때문에 우리는 떨림 방지 장치를 단 카메라처럼 걸으면서 책을 볼 수 있는 거야. 그리고 소리를 듣는 달팽이관이라는 것도 있지."

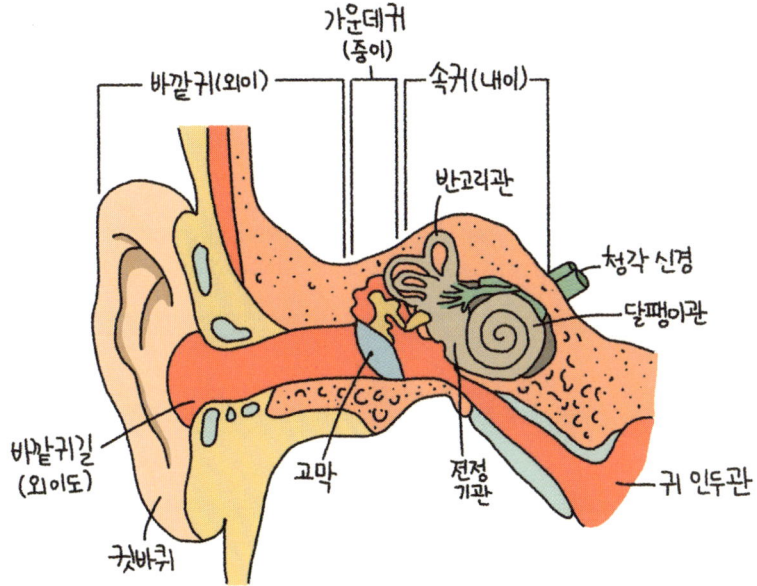

"아참! 제가 깜짝 놀랄 얘기를 해 드릴게요. 저희 아빠한테 들은 건데요."

희주가 엄청난 비밀을 털어놓을 듯 작은 소리로 속삭였다.

"숲속에 가니까 달팽이들이 많더라고요. 그런데 죽은 달팽이는 없었어요. 그 달팽이들이 죽으면 모두 어디로 가는지 아세요?"

"어디로 가니?"

할아버지와 내가 거의 동시에 물었다.

"달팽이관!"

음, 하고 할아버지는 팔짱을 꼈고, 후, 하고 나는 천장을 바라봤다.

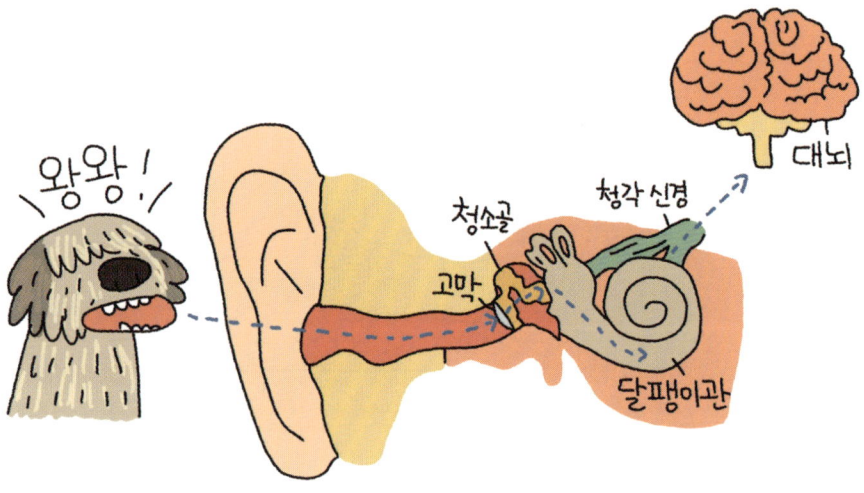

"할아버지, 제가 갑자기 어지럽네요. 아무래도 반고리관이 고장 났나 봐요."

나의 말에 할아버지는 귀를 쑤시며 "난 달팽이관에서 이상한 소리가 나는구나. 내 귓속에 들어 있는 달팽이가 배가 고픈가 봐."라고 말했다. 그리고 할아버지와 나는 배를 잡고 웃었다. 희주가 얼떨떨한 표정으로 우리를 살펴봤다.

"우리 귓속의 달팽이관과 달팽이는 아무런 관계가 없단다. 달팽이처럼 생겼다고 해서 달팽이관이라고 부를 뿐이야."

할아버지의 설명에 희주의 얼굴이 빨갛게 달아올랐다.

"칼국수에 칼이 없고, 붕어빵에 붕어가 없듯이 달팽이관에는 달팽이가 없어."

나는 팔짱을 끼고 멋지게 말했다.

할아버지는 자신이 세운 작전 계획에 대해 설명했다.

"이번 임무는 희주가 수행해 줘야 해. 나나 유식이는 절대 할 수 없는 일이란다."

희주는 긴장해서 마른 침을 꿀꺽 삼켰다.

"내가 이 카메라의 앞쪽에 홍채를 촬영할 수 있는 렌즈를 장착할 거야. 그러면 희주는 내일 학교에 이 카메라를 들고 가서 가짜 나유식과 셀카를 한 방 찍는 거야. 그러면 완벽하게 가짜 나유식의 홍채를 손에 넣을 수 있어."

"그 정도는 할 수 있어요!"

희주가 말했다.

"또 한 가지 임무가 있어. 가짜 나유식의 머리카락이나 칫솔을 갖고 오도록 해라. 그것이면 DNA 정보를 알아낼 수 있어."

"옛썰!"

희주가 경찰처럼 경례를 했다.

우리는 다음과 같은 두 가지 작전 계획을 세웠다.

〈작전 계획〉

작전 1. 이금도의 홍채 정보를 확보한다.
(이금도가 초능력으로 다른 사람으로 변신해도 찾아낼 수 있도록)

작전 2. 이금도의 DNA를 확보한다.
(범행 현장에서 발견된 DNA와 가짜 나유식의 DNA가 동일한지 경찰에게 확인하도록 한다. 그러면 경찰이 이금도가 바로 가짜 나유식이란 것을 알게 될 것이다.)

희주가 돌아가고 나는 걱정이 돼서 잠을 이루지 못했다. 가짜 나유식은 눈치가 굉장히 빠를 텐데, 괜히 희주를 이 사건에 끌어들여 희주를 위험한 상황에 몰아넣지는 않았나 염려가 됐던 것이다. 위험하고 불행한 상황에 처하는 건 나 하나면 충분했기 때문이다.

내가 잠을 이루지 못하고 뒤척이자 할아버지가 말했다.

"걱정하지 마라. 희주는 보기보다 용감하고 침착하니까 잘 해낼 거야."

할아버지는 마치 초능력자처럼 내 마음을 다 들여다보는 것 같았다.

다음 날 오후, 나는 초조한 마음으로 희주를 기다렸다. 때맞춰 누군가 철문을 두드렸다.

"아님!" 하고 내가 암호를 물었다.

"말구!" 하고 희주가 대답했다.

'아님 말구'는 희주와 내가 정한 암호였다.

희주는 시무룩한 표정으로 들어왔다. 할아버지와 나는 작전이 실패한 줄 알았다.

"괜찮아. 무사해서 다행이야." 하고 나는 말했다.

그러자 희주의 시무룩했던 얼굴이 반짝 밝아지면서 손가락으로 V자를 만들었다.

"내가 성공했지! 비밀 요원이 이 정도도 못 할까 봐?"

희주는 어깨를 으쓱대며 카메라와 칫솔을 꺼냈다. 카메라에는 가짜 나유식과 희주가 사이좋게 어깨동무를 하고 함께 찍은 셀카가 있었고, 나유식이라고 쓰인 파란색의 캐릭터 칫솔이 비닐봉지에 담겨 있었다.

"내가 가짜 유식이한테 멋있다고 오래전부터 짝사랑했다는 편지를 보냈더니 나한테 금방 넘어오더라. 하여튼 남자들은 단순하다니까. 호호호."

희주의 말에 말구 할아버지와 나는 어안이 벙벙했다.

"오늘 학교에서 웃기는 일이 있었어. 가짜 유식이가 말이야." 하고 희주가 입을 열었다.

"무슨 일인데?"

"선생님이 수업 시간에 자신이 본 감동적인 영화를 얘기하자고 했거든. 그런데 가짜 유식이가 '수렁에 빠진 거지'에 대해 얘기를 하는 거야. 아무도 본 사람이 없는 영화였어. 선생님이 깜짝 놀라셨지. 그러면서 "나유식 너…… 너……." 하면서 얼굴이 붉어지시는 거야."

"왜?"

"왜냐하면 가짜 유식이가 본 영화는 어른들만 보는 19세 미만 관람 불가 영화였거든. 그래서 선생님이 수업 끝나고 유식이에게 남으라고 했고, 유식이는 반성문 쓰고 지금도 청소하고 있어."

"하하핫!" 하고 나는 웃음을 터트렸다. 아무리 순진한 나처럼 행세를 해도 가짜라는 게 슬슬 들통이 나고 있었다.

"이럴 때 그 사람만 있었으면 널 구해 줄 수 있을 텐데……."

희주가 갑자기 어깨를 축 늘어뜨리며 말했다.

"그 사람? 누구?"

"빨간 내복!"

희주의 말에 내 눈이 번쩍 커졌다. 나는 그동안 빨간 내복을 까맣게 잊고 있었다.

"유식아, 너도 알지? 빨간 내복의 초능력자. 소문 들었지?"

"아, 그래. 물론 들었지. 텔레비전에도 나왔잖아."

나는 놀란 표정을 들키지 않으려고 얼른 고개를 돌리며 딴청을 피웠다.

"불이 난 건물에서 사람을 구하고, 교통사고를 당할 뻔한 아이를 구하고, 지난번에 이금도를 체포할 때 돕기도 했대. 빨간 내복은 우리의 위대한 영웅이야. 이럴 때 빨간 내복이 나타나면 널 얼마든지 구해 주고, 이금도를 체포할 텐데……. 이금도 따위는 상대도 안 될 텐데, 왜 빨간 내복이 나타나지 않는 걸까? 무슨 일이 생긴 걸까?"

희주는 진심으로 빨간 내복을 걱정하는 것 같았다. 그런 희주에게 내가 빨간 내복이라는 말은 절대로 할 수 없었다.

빨간 내복이 이금도의 초능력에 걸려 지금 이런 비참한 꼴로 경찰에 쫓기도 있다고 절대로 말할 수 없었다.

나는 또 눈물과 콧물이 났다.

희주가 내 손을 잡으며 강아지처럼 맑은 눈으로 바라봤다.

"걱정 마. 유식아, 내가 꼭 널 구해 줄 거야."

희주의 그 말이 동굴같이 컴컴한 내 마음속에서 길게 메아리쳤다. 희주야말로 나의 위대한 영웅이었다.

그날 밤, 할아버지와 휴허가 잠이 들었을 때 나는 조용히 자리에서 일어났다. 그리고 내 편이 되어 줄 오금순 형사와 과학 수사대장에게 편지를 썼다.

나는 진실의 힘을 믿기로 했다. 예전에 엄마는 누구에게나 진실로 다가가면 마음을 열어 준다고 늘 말했다.

은행털이범 이금도와 전쟁을 벌여 온 오금순 형사님, 그리고 특수 과학 수사대장님.

저는 정의의 빨간 내복입니다. 저를 기억하시지요?

제가 이렇게 편지를 보내는 것은 은행털이범 이금도가 어디에 숨어 있는지 알려 드리기 위해서입니다.

그러기 전에 먼저, 나유식 군에 대해 알려 드리겠습니다.

지금 나유식 군은 납치가 된 상태입니다.

지금 나유식 군 행세를 하는 자는 가짜입니다.

어떻게 가짜가 진짜보다 더 진짜처럼 보이는지에 대해서는 묻지 마십시오. 이 세상에는 인간이 알 수 없는 일들도 많으니까요.

확실한 것은 가짜 나유식이 바로 은행털이범 이금도라는 사실입니다. 믿지 않으실 겁니다. 그래서 그 증거로 가짜 나유식의 칫솔을 보냅니다.

이 칫솔에 묻은 DNA를 검사해서 범행 현장에서 발견된 이금도의 머리카락에서 나온 DNA와 일치하는지 확인해 보십시오. 만약 일치한다면 범인은 바로 가짜 나유식입니다.

아참, 납치된 나유식 군은 현재 안전한 곳에 머물고 있으니 염려하지 마십시오. 가짜 나유식 때문에 위험해서 나타나지 않는 것뿐이며, 제가 안전하게 보호하고 있습니다. 가짜 나유식이 체포되면 그

즉시 가족의 품으로 돌아갈 것입니다.

오금순 형사님과 특수 과학 수사대장님, 이번에 반드시 가짜 나유식 즉 이금도와의 전쟁에서 이기길 바랍니다.

〈추신〉 원지서 대통령에게 변비에는 찬 우유가 좋다고 전해 주세요.
나유식 군이 존경한다고도 전해 달라고 하네요.

- 빨간 내복 올림 -

　나는 할아버지에게 이 편지를 경찰서로 전달해 달라고 부탁했다. 할아버지는 경찰서와 감옥에 자원 봉사를 하러 다녔기 때문에 아는 경찰이 많았다. 할아버지는 어렵지 않게 편지를 전달했다.

　오후가 되자 희주가 또 작전 회의를 하러 왔다.

　"유식아, 오늘 저녁에 너희 가족이 외식을 간다고 하더라. 오늘이 엄마 생일이라 파티를 한다고 가짜 유식이가 자랑하던데? 엄마한테 무슨 선물을 사 줘야 하는지도 물어보던데?"

　"아! 맞아! 오늘이 엄마 생일이었지!"

　나는 또 우울해지기 시작했다.

　엄마와 함께 생일을 보내지 못한다는 게 나를 슬프게 만들었다. 내가 기운이 없이 구석에 축 처져 있으니까 희주가 말했다.

"엄마 생일에 가고 싶은 거지? 우리도 가 볼까?"

"초대 받지도 않았는데 어떻게 가?"

내가 턱을 괴고 앉아 시무룩한 표정을 띠자 희주가 설득했다.

"가짜 유식이의 정체를 밝히려면 유심히 관찰을 해야지. 우리 4인조가 함께 나가면 산책 나온 가족처럼 보일 테니 잡힐 염려도 없을 거야. 생일 파티에서 가짜 유식이의 약점을 찾고 기회를 엿보는 거지."

희주의 말을 듣고 말구 할아버지를 바라보자 할아버지도 고개를 끄덕였다. 나는 기쁜 나머지 자리에서 벌떡 일어났다.

"좋았어요. 우리 엄마가 가장 좋아하는 오즈의 마법사에서 생일 파티를 할 거예요. 지금까지 계속 갔던 곳이니까요."

나는 지난번보다 더 완벽하게 변장을 했다.

희주와 할아버지와 휴허와 나는 거리로 나섰다.

우리는 4인조였다. 바람이 불자 우리의 스카프와 가발과 휴허의 귀가 바람에 휘날렸다. 우리는 은행털이범 검거를 위한 비밀 결사대였다. 변비 걸린 대통령을 위해, 자신의 돈이 사라질까 봐 잠 못 자는 대한민국 국민들을 위해 우리가 나섰다.

우리는 오즈의 마법사에 도착해 테라스에 앉았다.

우리 가족은 기둥 저편에서 식사를 하는 중이었다. 너무 멀리 있어서 잘 보이지 않았다.

번쩍, 번쩍.

콧구멍 속의 별똥별이 후끈 달아올랐다. 눈에 번갯불이 튀는 것 같더니 내 눈에 초능력이 생겼다. 눈동자를 카메라처럼 줌 인시키자 멀리 있던 사물들이 눈앞의 물건처럼 커졌다. 다시 줌 아웃시키자 까마득하게 멀어졌다.

줌 인과 줌 아웃 초능력의 비밀은 수정체였다. 수정체를 두껍게 하자 줌 인이 됐고, 수정체를 얇게 하자 줌 아웃이 됐다. (물론 보통 사람들은 이렇게 마음대로 자신의 수정체를 두껍거나 얇게 할 수가 없다.) 눈동자의 초능력 덕분에 나는 아주 자세하게 우리 가족의 얼굴 표정과 입가에 붙은 소스까지 살필 수 있었다.

가짜 나유식은 스테이크 고기를 열심히 썰고 있었다. 내가 먹어야 할 고기인데, 보고만 있어도 약이 올랐다.

나는 기둥 뒤에 몸을 숨긴 채 희주에게 말했다.

"희주야, 디지털카메라를 꺼내. 수상한 장면은 찍어 놔야지."

"알았어. 자, 여기."

희주가 가방에서 꺼내 놓은 건 신발이었다.

"앗! 디지털카메라를 넣어 온 줄 알았더니 신발을 넣어 왔네."

그때 가짜 나유식이 화장실에 가려고 자리에서 일어났다.

"쉿! 조용히!"

나는 얼른 거북이처럼 고개를 움츠렸다.

엄마가 아빠와 누나에게 조용히 말했다. 너무 멀어서 들리지 않았다. 나는 귀를 반짝 세웠다. 그러자 내 달팽이관이 초능력을 발휘하며 멀리 있는 소리가 들리기 시작했다.

"이상하다, 이상해."

엄마는 고개를 갸웃거렸다.

"엄마, 왜요?"

누나가 물었다.

"유식이는 오이를 안 먹는데……. 오이만 보면 거미를 본 것처럼 비명을 지르잖아. 샐러드 먹을 때 오이를 다 골라내잖아. 얼마나 오이가 싫으면 오이 비누도 안 쓰겠어. 그런데 아까 유식이는 오이를 아주 맛있게 먹던걸?"

"그렇긴 하네요. 입맛은 자꾸 변하는 거니까 오이가 맛있어졌나 보지요."

"그래서 그런가?"

엄마는 여전히 의심의 눈초리를 거두지 않았다. 그러자 누나도 뭔가 생각났다는 듯이 대답했다.

"나도 이상한 점을 발견했어요. 유식이가 땅콩이 든 샐러드를 먹으면서 아무렇지도 않았어요."

"유식이는 땅콩 알레르기가 있는데? 잘못 본 것 아니니?"

"분명히 땅콩이었어요. 그런데 멀쩡하더라고요."

아빠의 말에 누나가 그럴 리가 없다면서 대답했다.

"어떤 사람은 알레르기가 자연스럽게 사라지기도 한다고 하더라. 우리가 너무 엉뚱한 의심을 하는 것 아니야?"

"그런데 또 한 가지가 있어요. 유식이는 오른손잡이잖아요. 그런데 왼손을 더 자연스럽게 써요. 오늘도 보세요. 포크와 나이프를 다 왼손으로 쓴다고요."

누나의 말에 아빠와 엄마의 눈이 커졌다.

"지난번에 면회 갔을 때 이금도가 왼손잡이라고 하지 않니? 경찰도 이금도가 왼손잡이라고 했어."

엄마의 말에 아빠가 손을 저었다.

"여보, 우리 유식이가 이금도라는 말이야? 허허허. 무슨 말이 안 되는 소리를 하고 그래."

"호호호, 그렇지요? 내가 왜 말도 안 되는 상상을 한 걸까요? 이렇게 즐거운 날에."

엄마와 아빠는 그렇게 대화를 마무리했다.

가짜 나유식이 화장실을 다녀와 자리에 앉았다. 가짜 유식은 주머니에서 작은 선물을 꺼내 엄마에게 드렸다. 엄마가 포장을 뜯었다.

"와! 이렇게 예쁜 브로치가 다 있니?"

엄마가 감탄했다. 작은 상자 안에는 나비 모양의 브로치가 눈부신 빛으로 반짝였다.

"무척 비쌀 것 같은데? 유식아, 이렇게 돈이 많았어?"

누나가 말했다.

"그동안 모아 둔 거 다 털었지. 엄마를 위해서라면 내가 무엇이든 못하겠어?"

"그래, 그래. 하하하. 역시 유식이는 효자야."

아빠가 목젖이 보일 정도로 크게 웃었다. 그러나 누나는 여전히 의심스러운 눈초리로 바라봤다.

"아참, 유식아, 너 혈액형이 뭐였니? 우리 지금 혈액형으로 성격 테스트하는 중이었어."

누나의 말에 가짜 유식이 대답했다.

"난 B형. 왜?"

"B형이라고?"

누나의 목소리가 조금 커졌다가 금방 차분해졌다.

아빠는 A형, 엄마도 A형, 누나도 A형이었고, 나만 O형이었다. 나만 우리 가족과 혈액형이 달라서 나는 내가 친자식이 아닌 줄 알았다.

"유식아, 엄마가 아이스크림 먹고 싶구나. 갖다 줄래?"

"아빠는 커피!"

가짜 유식이는 말을 잘 듣는 착한 아들처럼 자리에서 일어나 후식을 가지러 갔다.

유식이가 사라지자 엄마와 아빠, 누나는 서로 눈빛을 교환했다.

"엄마, 어떻게 혈액형이 B형이라고 해요? 유식이는 O형이었어요. A형의 유전인자에는 AA와 AO가 있잖아요. 아빠와 엄마의 유전인자가 AO형이니까 AO+AO=AA+AO+AO

+OO. 자식은 A형과 O형만 나올 수 있다고요."

누나의 말에 엄마가 입술을 비틀었다.

"뭔가 이상해. 내 배 아파서 낳은 자식이 아닌 것 같아."

아빠가 놀란 얼굴로 말했다.

"그게 무슨 말도 안 되는 소리야? 유식이가 우리 자식 같지 않다니? 혈액형이야 잘 모르고 잘못 대답할 수 있는 거잖아. 오른손 왼손도 그래. 요즘 아이들은 양손 쓰는 경우도 있어."

"아니야. 뭔가 이상해. 내 육감은 틀린 적이 없어. 뭔가 살갑지가 않단 말이야."

나는 우리 가족이 서서히 가짜 나유식의 정체에 대해 알아가고 있다는 느낌을 받았다.

그 사이에 가짜 유식은 쟁판에 커피와 아이스크림을 담아 왔다. 가족은 얼른 화제를 바꿨다.

"맛있게 드세요. 저는 학원에 갈 시간이 되어서 먼저 일어날게요."

유식이는 두 손을 모으고 깍듯이 인사를 했다.

"어, 그래라."

아빠는 예절 바른 가짜 유식이에게 흐뭇한 표정을 지었다. 가짜 유식이가 식당 밖으로 사라지자 나는 한숨이 길게 나왔

다. 마음이 놓여 나는 편하게 모자를 벗고 머리를 긁었다.

"이게 무슨 냄새지?"

엄마가 코를 킁킁거렸다.

"무슨 냄새가 난다고 그래?"

아빠가 물었다.

"이건 유식이 냄새야."

"유식이는 방금 갔잖아."

"아니야. 아까 유식이한테는 안 나던 냄새야. 원래 유식이한테 이런 냄새가 났어. 유식이의 정수리에서만 나는 특이한 냄새란 말이야. 내가 유식이 냄새를 모를까 봐?"

엄마는 코를 킁킁대며 어디서 나는 냄새인지 찾았다.

나는 멀찍이 떨어져 있었지만, 엄마의 말에 몹시 당황했다. 엄마가 내 쪽을 바라보고는 다가오기 시작했다.

나는 얼른 자리에서 일어나 도망쳤다.

'미안해요. 엄마, 지금 이 꼴로 엄마를 만날 수가 없어요.'

다음 날, 또 다른 은행이 털리고 말았다. 나는 어제 저녁 학원에 간다고 먼저 나갔던 가짜 나유식이 벌인 일이라고 확신했다.

나는 급한 마음에 변장을 하고 은행으로 갔다. 범행 현장에는 경찰들과 특수 과학 수사대원들이 바쁘게 움직이고 있었다. 나는 콧구멍 속 별똥별을 만졌다. 그러자 달팽이관에 초능력이 생기더니 오금순 형사와 과학 수사대장이 나누는 대화를 엿들을 수 있었다.

"현장에서 발견된 머리카락에서 DNA를 검사했습니다." 라고 수사대장이 말했다.

"이금도 것이 분명하지요?" 하고 오금순 형사가 물었다.

"그런데…… 그게……. 지난번에 이금도를 체포했을 때 DNA를 채취해 두었지요. 그때 채취해 둔 이금도의 DNA와

이번 은행에서 발견된 머리카락과 다른 DNA였습니다."

"그게 무슨 소리입니까? CCTV에 찍힌 도둑은 분명히 이금도의 모습이었잖습니까?"

오금순 형사가 놀라서 물었다.

"그렇지요. 정말 이상한 일입니다. 감옥에 갇혔다가 탈옥한 이금도는 은행을 턴 도둑이 아닙니다. 하지만 이금도는 분명히 은행을 털었습니다."

"그렇다면 이금도가 두 명이란 소리로군요?"

오금순 형사가 묻자 수사대장이 고개를 끄덕였다.

오금순 형사는 주머니에서 종이 한 장을 꺼내 수사대장에게 내밀었다.

"이건 빨간 내복이라는 사람이 보내 온 편지예요. 너무 황당한 내용이라 저도 누가 장난친 거라 여기고 믿지 않았지요. 그런데 지금 상황을 보니, 이 편지의 내용이 맞는 것 같습니다."

수사대장은 편지를 읽어 보고는 고개를 끄덕였다.

"이건 저희 수사대에서 비밀리에 찾은 증거입니다. 이 사진을 보십시오. 지난번 범행 현장에서 발견된 어린이 발자국 있지 않습니까? 그 발자국이 나유식의 신발 자국과 똑같았습니다."

수사대장이 꺼낸 사진을 보고 오금순 형사는 깜짝 놀라고 말았다.

"그게 무슨 소리입니까? 그렇다면 나유식이 은행털이범과 공범이란 소리입니까?"

"저희도 확실하게 하기 위해 나유식의 DNA를 몰래 검사해 보았습니다. 그런데 의외의 결과가 나왔습니다. 현장에서 발견된 이금도의 머리카락에서 발견된 DNA와 나유식의 DNA가 똑같았습니다."

오금순 형사는 답답해서 가슴을 탁탁 쳤다.

"그러니까 그게 무슨 뜻이란 말입니까? 나유식이 은행을 털었다는 소리입니까? 그럴 리가 없잖아요. CCTV에 이금도가 나왔잖아요. 초등학생이 은행을 털 수는 없어요."

"그래서 저희도 이상하다니까요. 정말 알 수가 없습니다. 어쩌면 이 편지 내용이 진실일지도 모릅니다."

"국립과학수사연구원에서 잘못 검사할 가능성도 있는 거지요?"

"혹시 몰라서 검사를 다시 의뢰했습니다. 내일이면 검사 결과가 나올 것입니다."

수사대장은 돌아서다가 문득 생각난 듯 다시 돌아서며 말했다.

"그런데요, 알 수 없는 점이 또 있습니다."

"그게 뭔데요?"

"나유식의 DNA를 검사하면서 나유식의 부모님도 혹시나 싶어 함께 DNA를 검사했습니다. 저희는 철저하고 확실해야 하니까요. 그런데……."

오금순 형사의 눈이 왕방울만큼 커졌다.

"그런데 나유식과 부모님의 DNA가 일치하는 부분이 전혀 없었습니다. 한마디로, 부모님과 나유식은 피 한 방울 안 섞인 남이라는 소리입니다."

"혹시 나유식이 입양한 아이일 수도 있지 않나요?"

"저희가 서류를 조사해 봤지만, 그런 내용은 없었습니다."

"아, 맙소사! 빨간 내복이 보낸 편지의 내용이 진실일지도 몰라!"

오금순 형사는 자신의 머리를 쳤다.

"하지만 이걸 어떻게 밝혀내지요? 과학 수사로도 밝힐 방법이 없어요!"

오금순 형사와 수사대장은 차를 타고 현장에서 사라졌다.

나는 오랜만에 미소를 지었다.

모든 일이 우리 쪽으로 순조롭게 돌아가는 것 같았다. 그런데 갑자기 내게 예상하지 못한 위기가 찾아왔다. 바람이 불어 얼굴을 가렸던 머플러가 날아가는 일이 벌어진 것이다.

"이금도 아니야? 이금도 같은데?"

지나가는 사람들이 내 얼굴을 보고 수군대기 시작했다. 나는 얼른 얼굴을 돌리며 손으로 가렸지만, 내 얼굴을 더 자세히 보려고 힐끔거리며 기웃거렸다.

그 순간, 눈의 구조가 번쩍 떠올랐다. 머릿속으로는 전기가 감전된 듯 번개가 훑고 지나갔다.

"으윽."

나는 신음 소리를 내며 눈에 힘을 줬다. 그러자 눈알이 빠져나오기 시작했다. 두 개의 눈알이 눈 주변의 살을 밀치고 앞으로 튀어나왔다.

어느 정도 튀어나왔다고 생각한 순간, 나는 기합을 멈췄다.

그러자 내 얼굴이 완전히 딴 얼굴로 보였다. 마치 눈이 툭 튀어나온 천하대장군 장승처럼 우락부락해 보였다.

"아니야. 이 얼굴이 아니야. 이금도가 아니야."

"그러게. 우리가 잘못 봤네. 현상금 10억 원 받을 줄 알았더니."

두 사람은 그냥 지나갔다.

집으로 돌아왔을 때 희주가 내 얼굴을 보고는 "꺄악!" 하고 비명을 질렀다.

휴우, 하고 나는 숨을 들이켰다. 그러자 내 눈알은 원래대로 제자리를 찾았다.

희주가 또 한 번 "꺄악!" 하고 비명을 질렀다.

눈의 과학을 통해 눈알 빼기 초능력을 익힐 줄이야! 나중에 텔레비전 쇼에 나가야 되겠다고 마음먹었다.

그날 밤, 나는 잠자리에 누워 할아

버지와 그날 있었던 일을 얘기하며 다음 작전을 짰다. 막 잠이 들려고 할 때 문득 궁금한 게 떠올랐다.

"할아버지, 정말 궁금한 게 있는데요. 할아버지는 왜 매번 '아님 말구'라고 하세요?"

내가 묻자 할아버지는 나를 쳐다보지 않고 시큰둥하게 대답했다.

"말구 할아버지라고 부르기 싫어? 아님 말구."

"그게 아니라요. 정말 궁금해서 그래요."

"흠." 하고 할아버지는 콧김을 내뿜고는 입을 열었다.

"세상 사람들은 누구나 자기가 옳다고 하지. 상대방과 의견이 다르면 자기 자신이 틀렸을 거라고 의심하지 않고, 무조건 상대방이 틀렸다고 우겨 대곤 하지. 그건 잘못된 거야. 나도 얼마든지 틀릴 수 있잖아. 그런데 나와 다르다고 해서 상대방이 틀렸다고 생각하는 건 정말 큰 오해를 불러일으키지. 그게 우리 사회에 싸움의 원인이 되는 거야. 사람이 변화하려면 우선 자신에 대한 반성부터 해야 해. 자신의 잘못된 점을 알지 못하면 어떻게 변할 수가 있겠어? 사람들은 새해가 오면 한결같이 떠오르는 태양을 보며 새해에는 꼭 변해야겠다고 결심하지만, 변하지 못하고 항상 제자리지. 왜냐하면 자신의 잘못된 점을 반성하지 않기 때문이야. 자기가 무조건 옳다고 주장하는 사람은 변하지도 않고, 더 이상 발전할 가능성도 없어. 그래서……."

"아하, 그래서 할아버지는 자신의 생각만 옳다고 주장하지 않으려고 아님 말구라고 하는 거군요."

"그렇지. '내 생각은 이렇다, 그렇지만 내 생각을 받아들이는 건 네 자유다'라는 뜻이야. 너는 보기보다 꽤 똑똑한 녀석이로구나."

말구 할아버지는 말을 이었다.

"사람에게 제일 소중한 것이 뭔지 아니? 나 자신이지. 그것과 더불어 꼭 잊지 말아야 할 게 있어. 다른 사람 마음도 내 마음만큼 소중하다는 거야. 내 것만 소중하다는 마음 때문에 이 세상에는 다툼과 증오와 싸움이 끊이지 않는 거야."

할아버지의 말에 나는 고개를 끄덕였다. '말구'라는 단 하나의 말에 할아버지가 지금까지 살아오면서 깨달은 인생의 뜻이 담겨 있다는 게 놀라웠다. 낱말 하나에도 인생이 담겨 있는데, 나는 아직 얼마나 많은 것을 모르고 있을까? 저 하늘의 반짝이는 별만큼 알아야 할 게 많다. 하지만 나는 두렵지는 않았다. 하나씩 진실을 깨우쳐 나갈 때마다 초능력은 발휘될 것이고, 그 초능력으로 더 많은 사람을 구해 줄 수 있을 테니까.

"깨우쳐야 세상을 구할 수 있는 거야!"

말구 할아버지가 마지막으로 던진 말을 나는 가슴 깊이 새겼다.

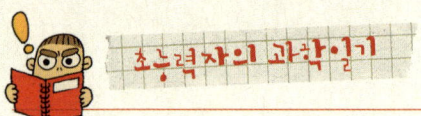

혈액형과 유전 법칙의 비밀 밝히기

혈액형의 종류

혈액형은 A, B, AB, O형으로 구분하는 게 대표적인 방법이다. 이걸 ABO식 혈액형이라고 한다.

물론 다른 방법도 있다. Rh식 혈액형으로 Rh+와 Rh-로 구분한다. 우리나라는 대부분 Rh+형이고, Rh-형이 매우 드물다.(전체의 0.5%) 그래서 Rh-형이 수혈을 받아야 할 때 긴급 상황이 벌어지곤 한다.

만약 A형이라고 했을 때 A형은 AA형, AO형 두 가지로 나눠진다. B형도 BB형과 BO형으로 나눠진다. O형은 OO형, AB형은 그대로 AB형이어서 ABO식 혈액형은 모두 6가지이다.

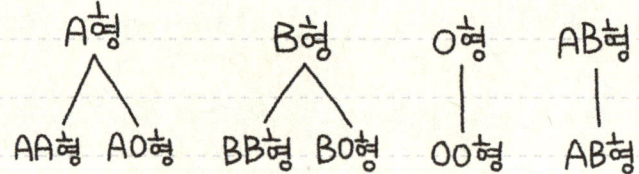

혈액형으로 성격을 알 수 있을까?

우리나라 사람들은 혈액형으로 성격을 이야기하곤 한다. A형은 신중하지만 소심하고, B형은 자유롭지만 규제 받는 걸 싫어하고, O형은 단순하지만 사회성이 강하고, AB형은 내성적이지만 합리적이라고들 한다.

그런데 이건 전 세계에서 우리나라 사람들만 믿는 이상한 현상이다. 과학적으로 전혀 증명된 바도 없고, 통계적으로도 맞지 않아 한마디로 한심한 생각이라고 할 수 있다.

원래 혈액형은 백인종이 다른 인종보다 우월하다는 것을 증명하려고 유럽에서 연구되기 시작했지만, 지금은 어느 나라에서도 혈액형으로 우열을 가린다든지 성격을 규정하는 어리석은 짓은 하지 않는다.

스물두 번째 사건

작전명 '진실의 힘'

드디어 마지막 작전 계획을 완성했다.

이 작전은 오금순 형사와 경찰들, 특수 과학 수사대, 선생님, 학교 친구들, 송희주, 말구 할아버지 그리고 휴허까지 동원되는 아주 큰 작전이었다.

그러나 모든 작전을 완벽하게 다 알고 있는 사람은 나밖에 없었다. 나는 일부러 작전 계획을 숨겼다. 왜냐하면 비밀이 새어 나가면 이 작전에 투입된 모든 사람이 다 위험해질 수 있기 때문이다.

나는 빨간 내복의 이름으로 다시 두 통의 편지를 쓰기 시작했다. 한 통은 오금순 형사와 특수 과학 수사대장에게, 그리고 다른 한 통은 송희주에게 보내는 편지로, 작전 계획을 담은 편지였다.

희주에게 보내는 편지는 희주의 가방에 몰래 넣어 놓았고, 형사에게 보내는 편지는 말구 할아버지가 전해 주기로 했다.

　　다음 날 희주에게서 전화가 왔다. 희주는 몹시 흥분한 상태였다.

　　"유식아, 놀라운 일이 일어났어. 내가 어제 빨간 내복이 제발 도와줬으면 하고 기도를 했는데, 정말 빨간 내복에게서 연락이 왔어."

　　희주는 내게 휴대 전화로 편지를 사진 찍어 보냈다.

　　"정말이야?" 하고 나는 놀란 듯 큰 소리로 말했다(내 연기력도 인정해 줘야 한다).

송희주 양에게

강아지 같은 맑은 눈을 가진 희주 양. 당신은 나를 모르겠지만, 나는 당신을 멀리서 항상 지켜보고 있소.

당신이 나유식 군을 구출하려고 위험을 무릅쓰고 애쓴다는 것도 알고 있소.

그래서 나, 빨간 내복이 나서기로 했소.

나는 그동안 비밀리에 작전을 짜고 있었소.

희주 양에게 중요한 임무를 맡기겠소.

내일 토요일 오후 3시. 선생님과 친구들과 함께 국제 보석 전시회로 오시오.

가짜 나유식도 반드시 함께 와야 하오.

가짜 나유식의 돌멩이 목걸이를 뺏기 위해 많은 사람들이 동원될 것이오.

반드시 가짜 나유식의 목에 걸린 돌멩이 목걸이를 빼앗아야만 하오.

그러려면 희주 양이 가짜 나유식 옆에서 정신없게 만드시오.

이 작전의 성공은 희주 양의 침착성과 용기에 달려 있소.

부디 작전에 성공하여 위기에 처한 진짜 나유식 군을 구출하고, 변비에 걸린 대통령을 치료하고, 혼란에 빠진 나라를 구하시오.

- 언제나 당신 곁에 있는 빨간 내복의 초능력자

"그런데 이 글씨 어디서 본 것 같지 않니? 꼭 초등학생 글씨 같아."

희주가 의심스러운 목소리로 물었다.

"아니야. 내 눈에는 그렇게 보이지 않아. 요즘은 어른들도 글씨 못 쓰는 사람이 많거든. 컴퓨터로 주로 써서 손 글씨는 못 쓴다고 그랬어."

내가 대충 얼버무렸다.

"아, 그렇구나. 나도 어디선가 들은 것 같아."

내 말에 순진한 희주는 금방 의심을 풀었다.

나는 희주가 감격해하는 모습을 보고 무척 기뻤다. 희주가 빨간 내복을 이렇게 존경할 줄은 몰랐다. 희주는 그날 하루 일을 들려주었다.

희주는 수업이 끝나고 선생님을 찾아갔다. 선생님에게 "우리 반 유식이는 가짜 유식이에요. 진짜 유식이는 어딘가 숨어 있어요."라고 했더니 전혀 믿지 않았다.

희주는 할 수 없이 빨간 내복이 보낸 편지를 꺼내 선생님에게 보여 드렸지만 그래도 믿지 않았다.

희주는 답답했다. 그래서 나유식이 진짜인지 아닌지 시험해 보자고 했다. 선생님은 유식이를 괴롭히는 것만 아니라면 좋다고 허락했다. 수업이 시작되고 선생님이 지난달에 다녀온 체험학습 이야기를 했다. 동물원에 갔을 때 코끼리에게 무슨 먹이를 줬는지 유식이에게 물었다. 그러자 유식이는 풀을 줬다고 대답했다.

"비스킷이 아니었고? 코끼리 아저씨는 코가 손이라면서 비

스킷을 줬던 것 같은데?"

"아, 그랬던 것 같아요."

가짜 유식이는 당황해하며 얼버무렸다.

아이들은 모두 어리둥절한 표정이었다. 선생님도 조금 놀랐다.

그때 희주가 가짜 유식이에게 물었다.

"유식아, 그때 네가 아이스크림을 너무 많이 먹어서 바지에 설사를 할 뻔했잖아."

"그래. 그때는 아이스크림이 너무 맛있어서 그만……."

아이들은 더욱 어리둥절한 표정으로 유식이와 희주를 번갈아 바라봤다.

"선생님, 우리가 언제 동물원에 갔어요?"

아이들이 질문했다.

"미안하구나. 선생님이 유식이와 희주만 데려갔어."

희주 이야기를 들어 보니 모든 게 명백해서 선생님은 빨간 내복이 보낸 편지대로 하기로 한 것이다. 장난이라고 할지라도 아이들을 데리고 보석 전시회에 체험 학습을 가는 건 아이들에게 유익한 일이니까.

이제 작전을 시작할 날만 남았다. 며칠째 희주는 빨간 내복과 함께 은행털이범을 잡는 작전을 펼친다고 들떠 있다.

오금순 형사와 특수 과학 수사대장에게 보낸 작전 내용은 조금 달랐다.

오금순 형사와 수사대장은 이미 DNA 검사를 해서 가짜 나유식이 이금도라는 것을 알고 있었다. 그러나 이금도가 보통 인간과는 다른 변신 능력을 갖고 있다는 것까지는 모르고 있어서, 이 점에 대해 확실하게 알려 주었다. 어떻게 해야 이금도가 변신을 못하도록 하는지 방법을 알려 준 것이다.

다음 날 오전, 드디어 작전이 시작됐다. 작전명은 바로 '진실의 힘!'.

작전은 오금순 형사가 텔레비전 뉴스에 나오는 것에서부터 시작했다.

텔레비전에 국제 보석 전시회에 대한 뉴스가 나왔다. 세계 최고의 다이아몬드를 국내에서 최초로 전시한다는 것이었다. 1,000억 원이나 하는 이 다이아몬드는 공룡의 눈물이라고 부른다고 한다. 어린아이 주먹만큼이나 크고 신비한 보석이었다.

오금순 형사는 철통같은 보안을 하겠다고 기자와 인터뷰를 했다.

"개미 한 마리 접근하지 못하게 철저히 감시하겠습니다."

"혹시 은행털이범 이금도가 나타나면 어떻게 하나요?"

"염려 마십시오. 이금도, 어디 올 테면 와 보라고 하세요. 내가 당장 그놈의 목덜미를 낚아 버릴 테니까요. 이금도는 쥐띠일 겁니다. 쥐구멍에서 숨어서 나타날 생각을 안 하는 걸 보면요. 하하하!"

오금순 형사는 이금도가 약이 오를 정도로 연기를 잘했다. 이금도가 이 뉴스를 봤다면 분통이 터져 가만있지 못했을 것이다.

파란 하늘에 구름이 둥실 떠다니는 평온한 토요일 오후 3시.

세상에 아무런 사건도 일어나지 않을 것 같은 이날, 국제 보석 전시회에서는 눈에 보이지 않는 철저한 작전이 시작됐다.

국제 보석 전시회장 입구에 미니버스 한 대가 도착했다. 버스에서 한 떼의 아이들과 인솔 선생님이 차례대로 내렸다.

나는 청소부로 변장한 채 전시장 현관을 쓸고 있었다. 콧노래를 흥얼거리며 여유로운 척했지만, 힐끔힐끔 곁눈질로 아이들을 살폈다.

> **작전명 : 가짜 나유식의 목걸이 뺏기**
>
> 나는 빨간 내복입니다. 우리의 첫 번째 목표는 가짜 나유식의 목에 걸려 있는 돌멩이 목걸이를 뺏어야 하는 것입니다. 가짜 나유식은 목걸이가 없으면 초능력을 발휘하지 못하니까요.
> 경찰들이 한꺼번에 달려들어 목걸이를 뺏을 수도 없습니다.
> 아시겠지만, 가짜 나유식은 초능력을 부릴 수 있습니다. 힘으로 덤벼 봐야 당해 낼 수 없습니다.
> 제가 준비한 작전은 다음과 같습니다. 첫 번째 작전은…….

며칠 전 나는 오금순 형사에게 이런 메일을 보내며 철저한 작전을 약속했다.

드디어 선생님과 반 아이들 속에 섞여 가짜 나유식은 국제 보석 전시회장 입구로 들어섰다. 입구에서는 경비원들이 감지 장치를 들고 입장객들의 몸을 수색했다.

그 경비원은 바로 특수 과학 수사대원 중 한 명인 왕초보 대원이었다. 다른 사람들은 차례대로 입장했지만, 가짜 나유식이 지나가자 삐익 소리가 났다.

"목걸이 때문에 소리가 나는 것 같네요. 학생, 목걸이를 잠시 풀어 줄 수 있을까요?"

왕초보 대원이 미소를 띠며 접근했다.

"안 돼요! 이건 그냥 돌멩이일 뿐이에요! 자, 확인해 보세요!"

가짜 나유식은 목걸이를 보여 주며 목에서 푸는 걸 완강하게 거부했다. 왕초보 대원은 허둥댔다. 작전 실패!

"선생님, 우리가 나서야겠어요."

희주는 선생님에게 속삭였다. 선생님은 희주와 함께 용감하게 가짜 나유식에게 다가갔다.

"유식아, 목걸이 참 특이하네. 내 목에 한번 걸어 봐도 될까?"

선생님이 부탁하니까 거절할 수 없을 거라고 나는 생각했다. 그러나…….

"안 돼요!"

가짜 유식은 단호하게 거절했다.

"왜? 한 번만. 딱 한 번만 해 보자."

선생님은 손가락을 내밀며

또 한 번 부탁했다. 희주가 옆에서 거들었다.

"선생님 소원인데 그것도 못 들어 주냐? 치사하게. 그깟 돌멩이가 뭐라고!"

"안 된다니까요! 이건 제 생명과 같은 거예요!"

가짜 유식이 화를 내듯 소리쳤다. 선생님과 희주는 놀라서 입을 멍하니 벌렸다. 연속으로 두 번의 작전 실패!

나는 위층에 몰래 숨어서 아래층을 지켜봤다. 가짜 나유식은 성큼성큼 전시장 안으로 걸어 들어오는 중이었다. 엘리베이터만 타고 오르면 바로 중앙 전시장이 나왔다. 중앙 전시장에는 공룡의 눈물이 보관돼 있었다. 손에 땀이 나고 초조했다. 이러다 가짜 나유식이 공룡의 눈물을 훔쳐 간다면 어떻게 될까? 나는 영영 몸을 찾을 수 없을 테고, 오금순 형사는 감옥에 갈 것이다.

"말구 할아버지! 지금이에요! 어서요!"

나는 마이크로 할아버지에게 말했다.

말구 할아버지는 엘리베이터 입구에서 삐에로 옷을 입고 나타났다.

"와! 마술 삐에로다!"

아이들이 모여들었다. 젊었을 때 잠시 마술을 했다는 할아버지는 빠른 손놀림으로 아이들의 정신을 빼놓았다. 할아버지가 들고 있던 동전은 아이들 귀 뒤로 사라졌다. 손바닥에서 꽃이 나오더니, 금방 꽃가루가 되어 나풀나풀 날아갔다.

"와! 오! 히야!"

말구 할아버지는 차츰 가짜 나유식에게 다가갔다. 할아버지의 손에서 리본이 나왔다. 가짜 유식이의 한쪽 귀로 리본을 집어넣더니 다른 쪽 귀로 빼냈다.

"우웃! 어떻게 한 거지?"

가짜 나유식마저 얼이 나간 표정이었다. 그 순간, 말구 할아버지의 손이 재빠르게 가짜 유식이의 목걸이로 향했다.

"이건 놔 주세요."

가짜 나유식이 목걸이를 쥔 채 할아버지에게 말했다.

"어이구, 미안하구나. 목걸이가 사라지는 마술을 보여 주려고 했더니."

할아버지는 당황해서 손을 놓고 말았다. 아이들의 손뼉 소리에 말구 할아버지는 모자를 벗어 정중하게 인사하며 물러났다. 또다시 작전 실패!

나는 오줌이 마려운 듯 찌릿찌릿했고, 힘이 빠져 다리가 후들후들 떨렸다.

드디어 엘리베이터를 타고 가짜 나유식과 아이들은 중앙 전시장으로 들어섰다. 오금순 형사와 경찰들이 입구 뒤에서 기다리고 있었다.

"덮쳐!"

오금순 형사의 명령이 떨어졌다. 그 순간, 가짜 나유식이 서서히 사라졌다.

"어디야? 어디로 간 거야? 대체 어디 있는 거지?"

오금순 형사와 경찰들이 당황하며 안절부절못했다.

카펫 위에 희미하게 발자국들이 찍혔다.

"저기 있다! 발자국을 따라가!"

그러나 발자국마저도 금방 사라져 버렸다. 가짜 나유식은 완전히 투명 인간이 된 것이다.

"다 잡았는데 놓쳤어! 안 돼! 이럴 수는 없어!"

화가 난 과학 수사대장은 이 상황을 믿을 수 없는지 코뿔소처럼 콧김을 마구 뿜으며 날뛰었다.

"유령 같은 놈! 비상! 비상벨을 울려! 입구를 막아!"

오금순 형사는 고래고래 소리를 질렀고, 경찰들은 습격 받은 개미집의 개미들처럼 우왕좌왕했다. 선생님과 아이들은 무서워서 벽 쪽에 붙어 떨고 있었다.

나는 이 모든 것을 전시장 위층 계단 근처에서 몰래 살펴봤다. 내 옆에는 휴허가 혀를 내물고 얌전히 앉아 있었다. 오금순 형사와 경찰들이 나를 알아보고 체포하지는 않을지 걱정이 됐기에 나는 사람들 앞에 나설 수가 없었다.

그 순간, '팍' 하고 전등이 꺼졌다.

전시실 안은 먹물을 풀어 놓은 것처럼 완전히 캄캄해졌다. 한치 앞도 보이지 않았다.

"불 켜! 보석을 지켜!" 하는 오금순 형사의 고함 소리,

"으앙! 무서워요!" 하는 아이들의 비명 소리,

"조용히! 애들아, 침착해라!" 하고 떨리는 선생님의 목소리가 전시실 안에 가득 찼다.

그 순간 누군가 외쳤다.

"없어요!"

"보석이 사라졌습니다!"

경찰의 목소리였다.

"안 돼! 잡아! 아직 이 안에 있을 거야! 문 걸어! 몸으로 막아 버려!"

오금순 형사는 반쯤 정신이 나간 사람처럼 허둥댔다.

나는 입가에 미소를 지었다. 나는 마이크로 나직이, 그러나 강하게 말했다.

"할아버지, 희주야. 마지막 작전이야! 준비해!"

그와 동시에 나는 휴허의 목 끈을 풀었다. 휴허가 쿵쿵 냄새를 맡더니 계단을 쏜살같이 달려 내려갔다.

잠시 후.

"왕, 왕, 왕!"

거칠게 개 짖는 소리가 울려 퍼졌다.

"받아라!"

할아버지와 희주가 소리 나는 쪽을 향해 물총을 마구 쏘았다. 그 물총 안에는 물이 아니라 형광 물질이 들어 있었다. 어둠 속에서 도망쳐도 금방 잡을 수 있게 할아버지가 특별히 제

작한 액체였다.

캄캄한 어둠 속에서 서서히 형광 물질이 묻은 사람의 형체가 나타났다.

그것은 바로 이금도의 모습이었다. 형광 물질로 얼굴과 몸 전체를 뒤집어 쓴 이금도는 눈을 제대로 못 뜨고 있었다.

"이금도다! 이금도가 나타났다!"

경찰들 수십 명이 우르르 달려갔다.

경찰들이 덮치려는 그 순간, 아무도 예상치 못한 상황이 벌어졌다.

갑자기 이금도의 목에 걸린 별똥별 목걸이에서 눈부신 빛이 쏟아졌다.

"으악! 눈부셔!"

어둠 속에서 쏟아지는 빛은 태양만큼이나 강렬했다. 아무도 눈을 뜨지 못했다.

이금도는 마지막 초능력으로 도망치려는 게 분명했다. 그렇게 시간을 벌어 경찰로 변신해서 도망치려고 할 것 같았다.

'작전은 실패인가?' 하고 나는 절망에 빠져 버렸다.

그러던 찰나,

"멍!"

휴허가 허공을 향해 짖는 소리와 함께 빛이 사라졌다.

그제야 캄캄했던 전시실의 전등에 불이 들어왔다.

그 순간, 형사도, 경찰들도, 아이들도, 모든 사람들이 자신 앞에 펼쳐진 광경을 보고 눈이 휘둥그레지고, 입이 멍하니 벌어진 채 할 말을 잃었다.

사람들 앞에는 개의 얼굴을 한 이금도와 이금도의 얼굴을 한 개가 서로 끌어안고 있었다. 이금도가 변신을 하려는 순간, 별똥별 목걸이를 휴허가 꿀꺽 삼켰던 것이다.

"개로 변신한 거야?"

"대체 누가 진짜 이금도야? 누굴 체포해야 하지?"

사람들은 모두 깔깔깔 손가락질을 하며 웃음을 터트렸다.

희주가 카메라를 가방에서 꺼내 사진을 찍었다. 그러자 초록빛 불이 들어오며 홍채가 인식되었다.

"휴허 얼굴에 사람 몸을 하고 있는 쪽이 진짜 이금도예요!"

희주가 손가락으로 가리키며 멋지게 소리쳤다. 이로써 모든 사건은 종결됐다.

아참! 마지막 남은 한 가지!

"내 몸? 내 몸은 어떻게 된 거지?"

나는 내 몸을 어루만졌다. 이금도의 마법 같은 초능력이 사라지자, 내 몸은 서서히 줄어들었다. 팔에 난 털도 사라지고, 옷은 헐렁해졌다.

아! 원래의 내 모습, 나유식으로 돌아왔다! 비록 저질 체력이긴 하지만, 앞으로 다시는 내 몸을 잃어버리지 않으리라!

히어로는 겉으로 멍청한 척 위장을 잘한다. 히어로는 제일 먼저 나서지 않는다. 히어로는 가장 극적인 순간에 나타난다. 나처럼!

"너무식, 너 어디 갔었어?"

계단에서 내려오는 나를 발견하고 아이들이 물었다.

"여기 난리 났었다! 개가 사람으로 변했어!"

아이들이 대단한 모험을 한 듯 자랑했다. 아이들은 내가 이

금도의 모습이었다는 걸 눈치채지 못했다.

"난 저기 위에 화장실에 숨어 있었어. 무서워서 오줌을 눌 뻔했단 말이야."

나는 엄살을 부렸다.

"어이구, 무식아, 우리처럼 용감하게 범인을 잡아야지. 선생님과 친구들을 버리고 도망을 가냐? 옷은 어떻게 된 거야? 왜 어른 옷을 입고 있어?"

"아, 그게……. 화장실에서 큰일을 보다가 옷에 뭐가 묻어서 벗어 놓고 청소부 아저씨 옷을 빌려 입고 나왔어."

"무식이, 무식이, 역시 넌 무식이야."

아이들이 너무식이라고 놀렸지만, 나는 자꾸 웃음이 났다. 그 별명이 정말 듣기 좋았다.

'아, 이런 게 행복이구나. 내가 좋아하고, 나를 좋아하는 사람들 속에 함께 있는 것!'

그날 저녁, 나는 아무 일도 없었다는 듯이 집으로 돌아왔다.

현관 앞에서 엄마의 된장찌개 냄새가 났다. 누나가 수다 떠는 소리가 시끄럽게 울렸고, 아빠의 낡은 구두가 나를 반겨 주었다.

"유식이한테 예전처럼 정수리 냄새가 나네."

엄마는 내 정수리 냄새를 향기롭게 맡아 주었다. 누나는 내가 왼손보다 오른손을 쓰는 걸 보고 안심했으며, 아빠는 내가 오이를 보고 찡그리는 모습을 보고 "역시 유식이야." 하면서 머리를 쓰다듬었다.

다음 날 텔레비전에서 이금도가 지금까지 훔쳐간 돈에 대한 뉴스가 전해졌다. 딱 9만 원을 제외하고, 이금도는 모든 돈을 밭에 파묻어 놓았다고 한다. 이금도는 사라진 9만 원의 행방을 절대로 말하지 않았다고 한다.

나는 그 9만 원을 어디에 썼는지 알 것 같았다. 엄마의 생일 선물로 산 브로치 값일 것이다.

이금도의 소식에 이어 원지서 대통령의 소식이 이어졌다. 대통령은 변비가 말끔히 나았고, 원형 탈모증도 해결됐으며, 다크서클도 사라졌다고 했다. 원지서 대통령은 활기가 넘치는 모습으로 텔레비전에 나와 국민을 위해 모든 걸 바쳐 열심히 일하겠다고 약속했다.

학교가 끝나고 희주와 함께 교문을 나설 때였다. 경찰차가 다가와 내 앞에 섰다. 창문이 내려가자 오금순 형사가 웃고 있었다.

"이금도가 이걸 너에게 꼭 전해 달라고 하더라."

오금순 형사가 준 것은 이금도의 편지였다.

"그런데 유식아, 대체 빨간 내복은 누구일까?"

오금순 형사의 질문에 나는 어깨를 으쓱했다.

"그걸 저 같은 초등학교 4학년이 어떻게 알겠어요?"

"이금도가 이상한 소리를 하더라고. 유식이가 빨간 내복이라는 거야. 허 참."

"설마 이금도 말을 또 믿는 건 아니겠지요?"

"당연하지. 아무도 안 믿어."

오금순 형사는 내가 했던 것처럼 어깨를 으쓱하고는 차를 타고 사라졌다.

나는 말구 할아버지의 집으로 가서 이금도의 편지를 읽었다.

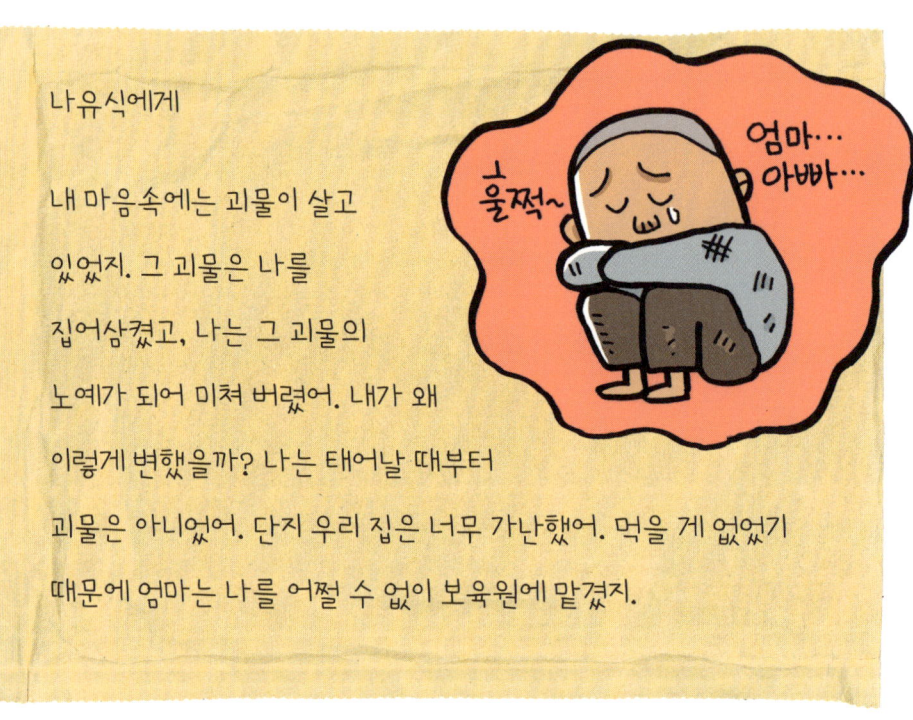

나유식에게

내 마음속에는 괴물이 살고 있었지. 그 괴물은 나를 집어삼켰고, 나는 그 괴물의 노예가 되어 미쳐 버렸어. 내가 왜 이렇게 변했을까? 나는 태어날 때부터 괴물은 아니었어. 단지 우리 집은 너무 가난했어. 먹을 게 없었기 때문에 엄마는 나를 어쩔 수 없이 보육원에 맡겼지.

보육원에서 나는 언제나 외로웠어. 보육원에서 자라는 아이들은 너나 할 것 없이 먹을 걸 밝혀. 배가 터지도록 먹고 또 먹지. 언제나 먹을 걸 갖고 싸워. 왜냐하면, 우리는 배가 고픈 게 아니야. 우리는 외로웠던 거야. 외로우니까 먹을 걸로 텅 빈 마음을 채우려고 했던 거야. 하지만 먹어도 먹어도 엄마 아빠가 없는 자리는 채워지지 않았어.

학교에 가면 좋은 친구들을 만날 수 있을 거라고 생각했어. 그런데 아이들은 나를 가난뱅이 땅거지라고 놀렸어. 어떤 어른들은 아이들에게 나랑 친하게 지내지 말라고 그랬어. 그래서 학교에 가서도 나는 외톨이가 되었어. 나는 친구를 사귀고 싶었어. 그래서 보육원 원장님의 돈을 훔쳐 아이들에게 떡볶이와 붕어빵과 어묵을 사 줬어. 아이들은 그때만큼은 나를 친구로 삼아 줬고, 나는 행복했어. 그런데 그 행복은 오래 가지 않았어. 내가 두 번, 세 번 원장님의 돈에 손을 대자 들키고 말았거든. 원장님은 나를 엄청나게 혼냈어. 하지만 나는 도둑질을 멈추지 못했어. 친구들에게 환심을 사고 인기를 끌기 위해 별의별 물건들을 다 훔쳐서 내 것인 양 폼을

헉헉

잡고, 친구들에게 나눠 줬지. 문구점에서, 신발 가게에서, 장난감 가게에서…… 내 도둑질은 계속됐어. 다른 아이들이 갖고 싶다는 물건이 있으면 나는 무슨 수를 써서라도 훔쳐 냈지.

그때부터 했던 도둑질이 어른이 된 지금까지 이어진 거야.

나는 돈을 쓰려고 훔친 게 아니야. 누가 나를 가끔이라도 주목해 주었으면 하는 생각에 도둑이 되고 말았어.

우연히 주운 별똥별로 나는 초인적인 능력을 가졌어. 그 능력을 좋은 일에 썼으면 좋았을 텐데, 나는 나쁜 일에 쓰고 말았어. 은행을 아무리 털어도 나는 외로웠어.

돈이 아무리 많이 쌓이고 쌓여도 나는 배가 고팠어. 이 돈을 누구에게 자랑할 수도 없고, 누구를 위해 쓸 수도 없었으니까.

유식아, 고맙다. 네가 내 도둑질을 멈추게 해 준 거야. 네가 내 마음속의 괴물을 잡아 준 거야. 네가 아니었다면, 나는 목숨이 끊어지는 그날까지 끝없이 도둑질만 하다가 죽었겠지. 얼마나 비참한 인생일까? 넌 괴물로 변했던 나를 인간으로 되돌려 주었어. 나유식, 너야말로 나의 영웅이야.

아참, 휴허가 삼킨 별똥별 목걸이에 대해 궁금해하는 친구들이 있을 것이다.

초능력이 생긴 휴허는 천장에 거꾸로 붙어서 돌아다니다가 오줌을 누었고, 말구 할아버지의 머리에 오줌이 다 쏟아졌다. 그 일을 제외하면, 아무 사고도 일어나지 않았다(할아버지는 아직도 그 오줌이 빗물인 줄 안다).

당연한 것이지만, 별똥별은 휴허의 똥과 함께 나왔다. 별똥별 목걸이에 대해 관심을 갖는 사람은 없어서 나는 별똥별에 묻은 똥을 깨끗하게 씻어 호주머니에 넣었다.

이것으로 모든 사건은 끝이 났다.

세상은 아무 일이 없었다는 듯 다시 평화를 찾았다. 나는 여전히 나유식이고, 친구들은 여전히 너무식이라고 부른다. 나는 세상이 영원히 평화로워져서 다시는 빨간 내복을 입을 일이 없기를 바라며 빨간 내복을 2개의 별똥별과 함께 옷장 깊숙이 집어넣었다.

글 서지원

한양대학교를 졸업하고 《문학과 비평》에 소설로 등단해,
지식과 교양을 유쾌한 입담과 기발한 상상력으로 전하는 이야기꾼입니다.
지식 탐구 능력과 창의적인 문제 해결 능력을 스토리텔링으로 풀어낸 책
250여종 중에서 중국, 대만 등에 수십 종의 책이 수출되었고, 서울시 올해의 책,
원주시 올해의 책, 문화체육관광부와 한국도서관협회가 뽑은 우수문학도서 등에
선정되었습니다. 2009 개정 초등 국정 교과서와 고등 모델 교과서를 집필했고,
초등학교 4학년 2학기 국어 교과서에 동화가 수록되었습니다.
쓴 책으로는 《빨간 내복의 초능력자 시즌 1~2》, 《마지막 수학전사 1~5》,
《몹시도 수상쩍은 과학교실 1, 2, 3》 등이 있습니다.

그림 이진아

'십만원영화제'의 포스터 디자인을 시작으로 여성영화제, 인디다큐페스티발,
인디애니페스트 등 다양한 문화제와 영화제의 포스터를 그렸습니다.
그 밖에도 프리랜서 일러스트레이터로 다양한 작업을 하고 있습니다.
그린 책으로는 《생각이 크는 인문학》 시리즈, 《그릉 그릉 그릉》, 《나쁜 고양이는 없다》,
《빨간 내복의 초능력자 시즌 1~2》, 《산이 부른다 1, 2》 등이 있습니다.
작가의 인스타를 방문하면 더 다양하고 재미있는 일상툰을 만날 수 있습니다.
www.instagram.com/altodito

감수 와이즈만 영재교육연구소

창의 영재수학과 창의 영재과학 교재 및 프로그램을 개발했습니다.
구성주의 이론에 입각한 교수학습 이론과 창의성 이론 및 선진 교육 이론
연구 등에도 전념하고 있습니다. 국내 최고의 사설 영재교육 기관인
와이즈만 영재교육에 교육 콘텐츠를 제공하고 교사 교육을 담당하고 있습니다.